[美]萨拉·德拉斯纳
（Sarah Drasner）——— 著

韩艾——— 译

技术管理
必修课

ENGINEERING MANAGEMENT
FOR THE REST OF US

人民邮电出版社

北 京

图书在版编目（CIP）数据

技术管理必修课 /（美）萨拉·德拉斯纳
(Sarah Drasner) 著；韩艾译 . -- 北京 : 人民邮电出
版社，2025. -- ISBN 978-7-115-67537-8

Ⅰ . F204

中国国家版本馆 CIP 数据核字第 2025L3X049 号

内 容 提 要

不管是有心规划，还是无心插柳，你已经成为或者即将成为一名技术管理者，但你并非"天生的领导者"，你有太多困惑，别慌，这本书就是为你准备的！

本书作者萨拉从工程师变身为管理者，踩过坑、掉过队，一点点找到了自己的节奏。书中没有说教，只有满满的实用建议和亲身经验：如何从零组建团队，如何在一对一沟通中建立信任，如何给出有效反馈，如何面对冲突和艰难决策，甚至包括如何照顾好自己、避免被工作吞噬……

管理没有"正确答案"，但有方法可循。本书适合所有在技术管理之路上摸索的朋友，可助你基于正确的方法，管出自己的风格。

◆ 著 [美] 萨拉·德拉斯纳（Sarah Drasner）
译 韩 艾
责任编辑 刘美英
责任印制 胡 南

◆ 人民邮电出版社出版发行 北京市丰台区成寿寺路11号
邮编 100164 电子邮件 315@ptpress.com.cn
网址 https://www.ptpress.com.cn
天津千鹤文化传播有限公司印刷

◆ 开本：880×1230 1/32
印张：7.625 2025 年 8 月第 1 版
字数：192 千字 2025 年 8 月天津第 1 次印刷
著作权合同登记号 图字：01-2024-4633 号

定价：79.80 元
读者服务热线: (010)84084456-6009 印装质量热线: (010)81055316
反盗版热线: (010)81055315

版权声明

目　录

译 者 序

技术可以靠逻辑，管理需要懂人心

我曾是代码世界的绝对主义者——坚信数学公式和算法逻辑是技术领域的唯一真理。我甚至用算法思维来优化团队管理：将 KPI 设为损失函数，把成员看作执行单元，期待输出确定性的结果。

直到自己带领的 AI 团队从三人扩展到近三十人，自己的角色从"执行者"蜕变为"引领者"时，我才惊觉：管理技术团队的本质，是在构建一套远比代码更复杂的"人机协作系统"。

这个系统中的每个成员都是独特的个体：他们的动机函数千差万别——或追求技术突破带来的成就感，或渴望职业发展带来的提升；他们有着不同的能力边界——有的擅长算法设计，有的精通系统架构；他们遵循不同的协作协议——有的习惯独立钻研，有的善于团队合作；甚至他们的情绪反馈，也会像代码中的变量一样，随着各种因素而波动。

基于这些认知，我开始为不同特质的成员设计个性化的发展路径：为新人设置阶段性里程碑，在每个突破点给予具体反馈；为快速成长的成员安排具有挑战性的项目，并预留专属指导时间；发现沉默寡言却见解独到的技术专家，就通过技术分享来放大他们的声音；同时为资深成员寻找新的兴趣点，让他们在指导新人的过程中重获激情……

当技术理性与人性理解形成正向反馈循环时，这个"人机协作系统"便产生了涌现效应。

回头看，从 AI 工程师到团队管理者的转型过程中，最难跨越的障碍莫过于"放下键盘"。

记得去年团队承接一个创新 AI 项目时，我陷入了过度控制的误区。我执着于设计详尽的算法架构，对每个技术细节都亲力亲为，仿佛只有这样才能确保项目的成功。结果团队的创造力就像被过度修剪的决策树，枝叶日渐凋零。

几位资深管理前辈的提点让我醍醐灌顶："你要相信，团队成员的潜力永远超出你的想象。"我开始有意识地调整管理方式：为每个成员划定清晰的职责边界和协作方式，我鼓励他们发挥自己的创造力，大胆提出自己的想法和建议。转变带来的效果令人惊喜：团队不仅重获创新活力，最终交付的方案甚至超越了我的原始设计。而更宝贵的收获是，当我学会适度放手后，反而获得了更宝贵的战略思考空间——能够专注于跟踪前沿技术趋势，规划团队的技术路线图。这段经历让我体会到：信任不是管理的手段，而是管理的基石。

作为技术领域少数的女性管理者，在翻译本书的过程中，我多次与本书作者萨拉产生深刻共鸣，其中特别想分享的一点是，我们都曾陷入"证明自己"的困境，直到发现"脆弱性"中蕴含的领导力密码。萨拉提出的"战略性示弱"理念，起初像一段无法通过编译的代码般令我感到不安。直到在一次 AI 技术分享会上，我在团队成员面前坦然承认自己对新型生成式推荐框架还很陌生："这部分知识图谱我尚未构建完整，期待大家的思维碰撞。"那一刻，时间仿佛凝固了，空气中弥漫着一丝紧张的气息。三秒后，一位团队成员率先打破沉默："其实前面的商品码表构建的数学推导我也没完全理解。"这个意外的坦诚像触发了链式反应，分享算法的同学立即在白板上推导演算，连刚入职的校招生也分享了他个人的算法优化思路。会议室里充满了热烈的讨论声，大家不再有所顾忌，开始真诚地分享自己的知识和经验。

展示"脆弱性"不仅没有削弱我的领导力，反而显著提升了知识共享的效率，更为关键的是，因为大家敢于坦诚地把"底牌"亮出来，团队成员之间的信任感反而更稳固了。我意识到，脆弱性并不是弱点，而是一种强大的力量，它能够打破人与人之间的隔阂，帮助团队成为一个真正的整体。

本书作者萨拉在谷歌担任高级工程总监（Senior Director of Engineering），这是个职级非常高的技术管理岗，通常管理多个团队（甚至一个大组织），向副总裁汇报，除了监督执行，还负责战略决策。毫无疑问，萨拉是经验和资历都非常丰富的前辈，她走过的路、踩过的坑不计其数。而我翻译本书的过程，就像跟一位摸爬滚打多年的前辈进行了一场一对一的长谈。萨拉在书中分享的每一则案例，既代表了硅谷顶尖团队的工程实践，又蕴含着东方哲学式的管理智慧。那些曾经让我困惑、挣扎，甚至在深夜里辗转反侧的管理难题，或多或少都能在本书中找到答案。

我把这本译作推荐给你，我的同路中人——如果你也正在经历"从技术到管理"的范式迁移，也有一些困惑，相信我，这本书可以给你一些参考。愿我们既能写出优雅的代码，也能构建充满温情的团队。

韩艾，一位仍在学习"放下键盘"的管理者
2025 年 4 月于北京（京东集团总部）

序　言

初涉管理岗数月，我便迎来了作为管理者的首次挑战。我的一位直接下属卷入了一场纷争，情绪激动，急需我介入调停。在此前的职业生涯中，我一直专注于软件开发，在培养员工方面经验甚少，更别说迅速应对这类突发情况了。情急之下，我拨通了好友萨拉·德拉斯纳的电话，她沉着地为我制订了一份切实可行的计划。

在踏上管理岗位之前，我已晋升为公司的首席工程师，开始更多地参与公司商业目标与战略的制定。在职业发展的这个阶段，我发现自己更适合指导团队的其他工程师，而非继续亲自编写代码。于是，我踏上了管理岗位。然而，和许多新晋的技术管理者一样，面对这一全新的角色，我毫无准备。幸运的是，萨拉一直在我身边，成为我管理路上的坚实后盾。之后我又多次向她请教，请她指导我如何处理各种状况。毫不夸张地说，萨拉堪称人员管理的行走百科，而她也确实在这方面建树颇丰。我猜，我可能就是萨拉写这本书的灵感来源吧（哈哈）。也许她已不堪其扰，因为我总是在深夜打电话向她求助，以防自己彻底搞砸别人的职业生涯。

担任技术管理工作后，我经历了诸多变化。我接受了系统的培训，团队规模不断扩大，自己也获得了数次晋升。唯一不变的是，我仍然会时常致电萨拉，与她探讨管理思路，汲取她的智慧。她也总是慷慨相助，给出切实可行的建议，帮助我逐步成长为一名合格的管理者。

萨拉将她的智慧凝结在这本书中，对此我感到由衷的欣慰，因为对于新晋技术管理者而言，若没有此书作为指路明灯，他们将很难在这个领域找到前进的方向。

这本书深入探讨了职业发展阶梯、信任的建立、冲突管理等主题，生动的故事与场景更是为这些主题注入了鲜活的生命力。它会引发你的深思，让你反思自己领导团队的方式。萨拉在提出建议时总是谦逊谨慎，强调这仅代表她个人的观点。但请相信我，她的建议具有极强的普适性。

对于我们这些新晋的管理者来说，这本书就像是一个温暖的支持小组。萨拉勇敢地分享了自己的错误、改进方法以及她为此精心打造的工具、系统和流程。

萨拉，非常感谢你花时间撰写这本关于技术管理的宝贵指南。

安吉·琼斯（Angie Jones），副总裁

前　言

我并非世界顶尖的管理者。虽然我带领过出色的团队，经历过辉煌的时刻，但我从未将管理视为自己与生俱来的天赋。第一次当上管理者，并非因为我是团队中最擅长沟通的人，而是因为我资历最深，懂得如何推动项目顺利完成。当时我被推上管理岗位，更多是凭借我的工程技术能力，而非真正的领导才能——这种仓促的角色转换让我颇有临阵受命之感。

许多工程师通过晋升或者岗位调动等方式成为管理者。这种变化有时是因为我们擅长激励团队，有时则是因为我们在战略上展现出了领导力。但很多人并非主动选择去做管理，而是管理选择了我们。

在软件工程领域，我发现许多人经常做技术分享，却很少分享技术管理的心得。

事实上，管理软件团队与编写代码是紧密相关的。 如果团队组织不当、缺乏支持或战略不明确，即便遵循最佳的代码开发规范，也很难产出实质成果。既然管理对软件工程的意义如此重大，那么就值得我们投入时间去学习和分享管理经验。**我们有责任为团队提供周密的领导。**

在过去十年的管理生涯中，我学到了许多，我将其写在了本书中。我尝试过各种方法，经历过失败与成功。希望我的经验能帮助你少走一些弯路。不过，管理之道从无放之四海皆准的范式，书中的某些观点或许并不适合你的特定情境。望你善加甄别，找到属于自己的管理之路。我所提供的不过是几件工具，绝非解决问题的唯一答案。

尽管在此分享所学，但我深知求知之路永无止境，我自己也在不断犯错中学习和进步。

对于那些没有将成为管理者作为明确目标，但仍想为团队贡献力量的人来说，这条路可能充满挑战。本书并非为"天生的领导者"而写，而是为像你我一样的普通人所作。

第一部分

你的团队

第 1 章

重视你的团队

在工程管理领域有句玩笑话："桥梁建得越好，越容易被提拔去烤面包。"言下之意，那些让你成为"技术大咖"的技能，似乎并不直接等同于你在管理上的优势。

领导工作是极富挑战性的：过去，你的工作重心是自身成长以及为团队贡献价值；**而现在，你的工作是调动周围每个人的潜能。**这意味着，为了让团队专注于深度工作，你得随时待命解决各种问题。这中间涉及大量的合作和沟通，讽刺的是，这个过程往往又伴随着深切的孤独感。

但身为一名懂技术的管理者，你也有得天独厚的优势。你做过这些工作，更容易理解任务需求。你可以凭借自己的实战经验进行策略规划并为团队成员（无论职级高低）提供支持，确保大家了解自身工作的重要性并清楚自己的职业发展路径。这是你无可比拟的优势所在。

技术管理责任重大。以前，代码出错只会间接影响他人；现在，你的每一个决策都会直接影响团队成员的生活，这种影响是实实在在的、你能切身感受到的。技术管理需要你理解权力不对等、组织结构，并且要思考那些超出单一项目范围的策略。读到这里，如果你感到一丝不安，**这反而是好事**。如果你毫无所动，那才真让人担忧。

我的好友阿什利·威利斯（Ashley Willis）曾经说过："成为优秀管理者的核心要素之一，就是你总担心自己做得不够好。"

换言之，你得把管理工作真正当回事儿。那些"不够好"的管理者，往往对待管理角色及管理结果太过轻率。**重视，才是做好这份工作的关键。**

在本书第一部分，我将分享一些打造高效、自驱力强的工程团队的方法，毕竟，团队才是你工作的核心所在。

第 2 章

价值观的意义

当我开始了解价值观时，团队合作对我来说变得更有意义。人不是单纯的工具，他们有着各自独特且有趣的属性。对于那些刚刚踏入管理领域的人来说，从价值观的角度思考问题，无疑能够帮助他们更清晰地洞察团队的运作逻辑。我的教练杰西·科瓦利克（Jessi Kovalik），在我们合作之初，就投入了大量精力帮我理解这个重要概念。价值观为我与团队的合作构建了一个坚实的框架，起到了至关重要的作用。

在本书中，我多次谈到了价值观，并探讨了如何将本章所介绍的一些基本理念融入实践。价值观其实就像一把钥匙，它能帮助我们更好地理解一个人的立场和出发点。

了解价值观并不是解决所有问题的万能钥匙。但是，当我们努力与团队成员建立信任时，价值观能够为我们指明方向，让我们知道从哪里入手。与团队成员深入探讨他们的价值观，有助于我们深入理解驱动和激励他们的内在力量。实际上，良好合作的核心正在于相互理解。

2.1　个人价值观

那么，什么是价值观？

价值观，作为我们行为和决策的基石，不仅为我们指引方向、激励我们勇往直前，还推动我们采取行动。它深刻反映了我们内心最为珍视的信念与品质。正是价值观帮助我们明晰生活中的轻重缓急，使我们明白自己与哪些理念契合，更让我们深刻洞察到自己内心深处渴望成为的那类人。

个人价值观可能与伦理和道德观念紧密相连。而文化价值观则超越个人层面，反映了更大群体的共同信仰和追求。

如果你稍微留意，就会发现一个人的价值观往往决定了其行为和道德取向。人的价值观可能在年轻时就已形成，它既是对过往生活经历的回应，也会随着时间和社会环境的变化而不断调整和完善。

以下是一些能够体现价值观的词语，但这个清单并不完整，你或许能够找到更为详尽的价值观清单。在浏览的过程中，说不定你会发现某些词引起了你的共鸣。

> 责任、倡导、自主、同情、协作、贡献、创造力、好奇心、可依靠、多样性、同理心、道德、卓越、公平、家庭、友谊、乐趣、成长、幸福、健康、诚实、谦逊、幽默、包容、独立、知识、表现、个人发展、精神、完美主义、力量、准备、可靠、成功、团队合作、传统主义、值得信赖、多才多艺、视野、温暖、财富。

花几分钟时间，仔细审视上面的清单，思考哪三个词最能引发你的共鸣。对于你所认可的这些价值观，不妨进一步探究你选择它们的原因。这些价值观是否源于童年时期父母的谆谆教诲？是否在你历经磨难、克服困境后，某个价值观变得愈发重要？又或者，有些价值观仿佛与生俱来，让你难以言明缘由？现在，先将这些思考放在一边，我们稍后再深入探讨。

2.2　价值观影响行为动机

团队一起思考价值观也很重要。**需要明确的是，价值观并非用于直接解决问题或提供行动步骤，而是作为一种参考，帮助我们更深入地理解当前状况及其背后的原因。**

虽然电影有时会将冲突简化为善与恶的对立，但实际工作中的冲突往往并非如此。通常情况下，冲突源于彼此价值观的不同，而非任何一方心存恶意。如果人们的需求得不到满足，且沟通方式也不能让价值观不同的人相互理解，这就可能会对人际关系造成不良影响。

团队共同探讨价值观，能促进团队成员间的相互理解。因此，**团队成员之间分享价值观还有助于在团队内部建立信任和加深对彼此的了解。**

在进行价值观训练时，可以采用一种方法：邀请团队成员从前面的清单中挑选五种价值观，并分享选择这些价值观的原因。如果团队成员因性格内向而羞于表达，管理者可以率先进行分享以作示范。

了解团队成员的价值观是很有启发性的。与某些同事共事一段时间后，我常常会恍然大悟："原来如此！"我突然理解他们工作中各种行为背后的动机了。

如果你担心由于团队成员之间尚未建立充分的信任，这样的训练可能会让成员感到不自在，我完全理解。**但正是这些不自在的时刻凸显了价值观训练的重要性。**我曾多次遇到团队成员难以卸下心防或不能相互理解的情况，而进行这样的训练让我们取得了显著的进步。

如果条件允许，我强烈建议在各个团队都开展这样的价值观训练。在当今的工作环境中，我们不仅需要跨领域、跨部门的紧密合作，更需要深层次的相互理解，以实现公司层面的协同合作。

我曾经在一个领导团队中工作，并参与过一次性格测试。那次经历与价值观训练有异曲同工之妙。测试结果显示，一个经常与我意见相左的同事，竟然与我拥有极为相似的性格特质和价值观。当我们意识到这一点的时候，很多之前不明所以的事情突然就豁然开朗了。原来，我们都在坚定地追求逻辑思维和数据驱动的工作方式，只是在具体目标上略有差异。

在认识到这一点后，我们相视而笑，心中的隔阂瞬间消融。从那以后，我们开始尝试从共同的价值观出发，去理解彼此的决策动机和工作方式。这种转变让我们的合作变得更加顺畅且富有成效。

2.3　再深入一步

如前所述，了解价值观并非解决所有实际问题的万能钥匙。然而，它确实为我们洞察一个人的思维方式、需求以及动机提供了参考。在实际工作中，深入了解团队成员的价值观对于评估和提升我们的同理心大有裨益。鉴于每个人可能持有不同的价值观，如果我们不主动尝试理解他人的观点，我们的思维和判断就很可能受到自身背景和认知局限的束缚。

接下来，我将通过具体示例来揭示：在特定情境下，厘清价值观能为我们提供新的认知视角，特别是在那些没有明确对错之分的情境中，这种视角能够引导对话走向。

示例一

苏西成长在一个拥有九个兄弟姐妹的大家庭中，晚餐时分，分享美食与促膝长谈是家庭成员之间互动的重要环节。对她而言，家庭的欢乐氛围远比整洁和秩序来得重要。相对而言，作为独生子女的拉希德，则在一个强调餐桌礼仪和纪律的环境中长大。某次公司组织的"家庭式"晚餐上，苏西未经询问便越过拉希德伸手去取意大利面。这一举动在拉希德看来颇为失礼，而苏西却并未觉得有何不妥。

由此可见，正是两人成长背景和价值观的不同，导致他们在这一小事上产生了分歧。

当我们在工作中与同事产生异议，或是气氛开始变得紧张时，不妨试着去理解每个人的成长背景和价值观。分歧的产生并不意味着有人心怀恶意，而是因为我们每个人的成长经历和价值观不尽相同。如果我们能够认识到这些差异，或许就能对彼此多一份宽容和理解。

示例二

价值观并非一成不变，而是会随着时间演变。你当前的价值观，可能与你在青少年时期所秉持的价值观有所不同。那么，是哪些经历改变了你的价值观呢？

以阿米娜为例，她小时候并不喜欢上学。原因在于，她的高中老师对她的学习漠不关心，这使得她逐渐失去了对学习的兴趣。然而，在她步入大学和研究生阶段之后，情况发生了翻天覆地的变化。她遇到了一批全身心投入教学的老师，并有机会学习自己真正感兴趣的科目。这些新的学习体验重新点燃了她对学习的热情。

看出来了吗？如果你分别在阿米娜 15 岁和 25 岁时问她，学习是否是她的价值观，你可能会得到截然不同的答案。

阿米娜的成长经历对她意义重大，如今的她渴望参与那些能让她不断学习的项目。对她来说，学习已经成为职业发展中不可或缺的一部分。作为她的管理者，如果你能深刻理解这一点，就能更好地帮助她实现这一目标。

那么，你的同事们又经历了哪些重大的人生事件，从而改变了他们对事物的看法呢？通过深入了解塑造他们价值观的关键经历，你是否能更好地理解他们个人成长中的转变？

示例三

人们的外在表现与内心所想可能并不一致。有时候，某人看似重视某事，实际行动却可能背道而驰，这会让周围的人感到困惑不解。当沟通中出现误解或冲突时，我们可以深入探究这种内外不一致是否是问题的根源。

> 弗雷迪是个敏感的人，他非常反感别人对他评头论足，还总是担心别人在背后说他坏话。因此，他呼吁同事们不要背后议论他人。奇怪的是，每当弗雷迪下班后和同事们聚在一起时，他却总是对不在场的人说长论短。

你看，尽管弗雷迪把"正直"视为自己的核心价值观，但他的某些行为与这一价值观背道而驰。然而，这并不意味着我们应该公开批评他。价值观训练的目的是增进对彼此的了解，而非作为攻击他人的武器。

事实上，当一个人的行为与其价值观不符时，我们需要格外小心。马歇尔·B. 卢森堡（Marshall B. Rosenberg）在他的《非暴力沟通》一书中指出："当我们专注于话语背后的感受和需求时，就听不到任何批评、攻击、辱骂和评判了。"所以，当弗雷迪的行为与他的价值观相悖时，我们或许应该询问他是否有哪些需求未得到满足，而不是急于指责。

我们可能会意识到，自我认知与他人对我们的认知存在差异，这或许让人难以接受。我们将在第 11 章中深入探讨这一点。不过，理解弗雷迪的价值观仍然至关重要。

2.4　你的价值观

在之前的讨论中，我们已经涉及了他人的价值观这一话题，但更为关键的是我们需要深入挖掘并理解自己的价值观，因为它无时无刻不在塑造着我们的领导风格与方式。记住，你的领导之路是独一无二的，你无须刻意模仿他人。诚然，有时候，某些成功的领导方式看起来非常吸引人，让你忍不住想要效仿。但请别忘了，你拥有自己独特的生活经历、价值观和行事边界。这些个人特质，才是领导力的真正源泉。

领导力，确实蕴含着一种无私的精神。或许你会认为，为了团队和大局，个人需求应当暂时退居次要位置。这种看法，很多时候是正确的。然而，我们也需要明白一个道理：如果连自己的事务都处理得乱七八糟，又如何去关照和引领他人呢？向员工清晰地传达你的价值观，不仅能让他们更深入地了解你的工作风格和领导方式，还能增进他们对你的理解。更重要的是，如果你在原则性问题上屡屡违背自己的价值观，那么最终只会让自己陷入无尽的疲惫之中。毕竟，管理工作本身就充满了挑战，我们更需要一颗坚定的内心来支撑。

通过深入剖析自身的价值观，我们能更清晰地感受到生活中的顺境与逆境。那些"感觉不对劲"的时刻，往往正是我们需要停下脚步、审视问题的信号。从长远来看，如果价值观不一致的问题得不到及时解决，它将会逐渐侵蚀我们的士气，甚至引发深深的倦怠感。

我们还可以从对他人的反馈中反思自己的价值观。例如，当你觉得某些人很有趣，或者不喜欢某些人的沟通方式时，可以深入思考一下这些感受是如何与你的价值观相联系的。

你可能会注意到，价值观和领导风格会相互影响。你是否看重幽默感和学习能力？如果是，那么你可能会以一则"老套笑话"（dad joke①）或一个你正在思考的问题来开启团队会议。你重视家庭吗？如果是，你或许会努力确保公司所有员工都能享受同等的育儿假。你可能已经猜到了，这些例子都反映了我的价值观。正因如此，我最喜欢的 YouTube 视频之一就是西莫内·吉茨（Simone Giertz）那条荒诞不经的 "A Drone that Carries Babies"（载婴无人机）。

此外，在冲突发生时，你也可以观察到价值观是如何起作用的。如果你秉持公平原则，那么当发现员工面临不公时，你会觉得有必要站出来解决。了解这一动机可能有助于你更好地应对问题。同样，如果与你发生冲突的人并不看重公平，而是有其他价值观，那么为了化解矛盾、推动项目进展，你该如何以一种让双方都觉得真诚的方式进行沟通呢？

理解自身价值观与你作为管理者所关心的事物之间的联系——你支持什么、反对什么——是一项宝贵的训练。这有助于你认清自己的动机、需求和行事边界。此外，它还可以帮助你更好地管理时间，这一点我们将在后续章节中详细探讨。

2.5　公司价值观

每个公司，不论其是否明确表述，都有自己的价值观。而你的

---

① "dad joke" 通常指的是爸爸们喜欢讲的冷笑话，这类笑话往往是双关语或者谐音梗，以一句话或者简短问答的形式出现。——译者注

个人价值观与公司的价值观至少在某些方面契合，这是至关重要的。公司的价值观，或许通过我们耳熟能详的员工手册来传递，也可能以更为微妙的方式渗透在日常工作中，比如工作优先级的设定、沟通的风格，乃至公司组织结构的设计。

我必须承认，我曾一度认为公司价值观仅是纸上谈兵。它们给我的感觉有些虚无缥缈，我对在一大群人面前重复奇怪的声明并无兴趣。然而，最近我逐渐认识到，如果在组织层面上贯彻良好，核心价值观能够通过设定清晰的方向来帮助公司确立目标。我过去的怀疑源于这些价值观显得空洞，且与我的实际工作脱节。但当它们被切实执行时，便成了我们决策的基石。

我的前同事劳伦·塞尔（Lauren Sell）曾是 Netlify 的市场营销副总裁，并在 OpenStack 和 Rackspace 工作过。她对这一点做过精彩阐述：

> "在 Rackspace，我们的价值观之一就是'对我们所做的每一件事都给予狂热的支持'。这是个值得关注的价值观，因为虽然许多公司关心客户，但'狂热'一词强调了这种关心的程度不同寻常。在会议中，人们可以相互询问：'没错，但这样做足够狂热吗？'这是我们检验自己是否真正践行价值观的好方法。"

在 Netlify，公司秉承的价值观之一是"任何人都可以提出最佳想法"。

我对此深表赞同，因为我坚信，无论员工来自哪个层级或部门，他们都能为组织带来新颖的视角。同样，如果官僚主义阻碍了好想法的落地，我们可以依据这一价值观来做出判断。

好的公司价值观应具备这样的特质：传达了某个大家可以轻松理解的观点，并可作为决策的基准。如果你发现公司的使命缺乏明确的观点，而你又有资格提出异议，这时候你一定要有所作为。领导力的核心在于推动明确性的建立，而公司的价值观应昭示组织的驱动力所在。

2.6 团队价值观

我为自己管理的每一个团队都精心制定了一份团队价值观清单。之所以这么做，是因为我持有一些对团队合作至关重要的价值观，而这些价值观并不需要全公司认同。

以下是我曾在自己的团队中推广的价值观示例。

- 我们共同庆祝每位成员的成就，就像是自己取得的成就一样。
- 我们要避免无谓的比较和消极情绪，保持积极向上的团队氛围。
- 我们授权员工自主决策，因为我们看重他们的专业知识和能力。
- 我们鼓励犯错，因为失败是成功的垫脚石。
- 我们看重工作成果而非工作时长。成果才是衡量工作的唯一标准，你可以自由选择适合自己的工作方式和时间。

亲爱的读者，你无须完全认同或采纳这些价值观。但重要的是，要给团队一定的空间，让他们共同建立和培育自己的价值观。这样做有助于团队找到践行这些价值观的途径，并在发现问题时及时提出质疑（及时讨论总比问题复杂化后再解决要好）。维护共同的价值观可以避免意外情况的发生，尤其是在职业发展规划等方面。我一直鼓励团队成员展现相互支持与协作的精神，这也是我评价团队里总监级工程师的重要标准。

如果一个人的价值观与团队价值观不一致，或许他应该考虑加入一个更符合自己价值观的团队。这完全是可以理解的！价值观的魅力就在于，它没有绝对的正确答案。有些价值观契合我们，有些则不然。

我坚信，人们应该寻找那些不违背自身价值观的团队，最理想的情况就是去和自己的价值观契合的团队工作。当然，这并不要求价值观完全一致，因为从拥有不同视角的人那里学习也是有益的。但一些核心的价值观应该保持一致，否则实际工作可能会变得异常困难。当价值观不匹配时，职业倦怠就难以避免。

在一个与你的价值观大致相符的团队中工作，你会更深入地了解团队文化的内涵。**我们追求的是明确性，因为明确性是一切的关键。**

2.7 价值观与边界

乍看之下，价值观和边界似乎毫无关联，但实际上二者之间存在着紧密的联系。价值观是塑造个人内心特质的基石，我们不仅需要清晰地认识自己的价值观，更要懂得如何去捍卫它。我们的生活抉择、行为举止以及时间管理，无一不映射出我们内心真正珍视的事物。

以家庭为例，即便我声称家庭对我而言至关重要，但如果我的工作占据了大部分时间，导致我无暇顾及家庭生活，那便意味着我并未真正践行自己的价值观。若我未能设定明确的边界以保护我的核心价值观，最终会让我内心失衡，觉得工作与生活和我的真实需求格格不入，这种状态显然难以为继。如前所述，**如果我们的行为与众多核心价值观背道而驰，长此以往，便可能引发深深的倦怠感。**

设定边界对于营造健康的工作环境至关重要，因为每个人对工作边界的设定都有所不同。你不仅要关注自己的价值观与工作之间的差异，还要确保在日常工作中不触及团队的价值观红线。

因此，在进行团队价值观训练时，应记录团队成员所重视的价值观。同样，如果他们在工作中设定了边界，我们要注意是哪些价值观在发挥作用。团队一起讨论价值观的有趣之处在于能够发现成员间价值观的交汇、重叠以及差异。在一个大型群体中，通常许多人在一两个价值观上能达成共识，而在其他价值观上则各有看法。这两种情况都值得我们关注。

通过团队价值观训练，我们可以发掘出适用于多种场景的方法，如提供反馈、管理冲突、进行一对一沟通、确定优先级等。在后续章节中，我将频繁提及这一概念。

关于价值观，没有绝对的对错之分，因为每个人都拥有不同的背景和生活经历。我们越了解彼此，合作就会越顺畅。当人们提及"优秀的管理者"时，通常指的是那些关心他人的价值观并尊重其边界的人。

第 3 章

建立信任

本章的主题颇为宏大，在我们深入探讨"信任"这一核心议题之前，不妨先来谈谈作为管理者，我们该如何正确地看待自己的工作职责——它究竟包含哪些内容，又不包含哪些内容。

> "信任是一点一滴建立起来的，却可能毁于一旦。"
> ——凯文·普兰克（Kevin Plank），安德玛创始人

正如这句话所说，建立信任需要时间，无法一蹴而就。我们最想在团队中培养的就是信任，但它需要我们细心呵护，而且在培养过程中很容易失去。我们应该将信任视为脆弱而宝贵的东西。

3.1 管理者的职责

如果要精准地描述我对自己工作的看法，那我的职责就是**激发周围人的最佳工作状态**。

让我们进一步拆解"管理者的职责"这个概念。

- **赋能他人**：这是指管理者要支持和培养他人，要为激发大家最佳的工作状态创造条件。这意味着我的工作更多是关于别人，而不是自己，我要满足大家的需求。
- **关注周边的人**：一个出色的管理者不仅要关注自己的团队，还应该具备更广阔的视野，放眼整个组织体系，包括自己的团队、同事、同事的团队、上级管理者，以及整个公司的工作生态。
- **激发最佳工作状态**：要使每个团队成员达到最佳工作状态，他们的工作内容应该融合他们能做的、喜欢做的，以及公司需要的工作。我们要试图在维恩图的中心找到这一融合点。我们将在后面讨论驱动力时详细阐述。
- **平衡组织与个人**：作为管理者，一项颇具挑战性的任务就是，在关注每个员工的同时，也要着眼于整个公司的发展。此时，团队动力学就显得尤为重要。这既包含宏观层面的规划，也涉及微观层面的细节处理，两者相互交织，要想平衡好，确实需要一定的技巧。

在上面的分析中，你可以看到有两个关键要素将帮助我们与团队更好地工作：信任和脆弱性。

3.2　信任与脆弱性

大约十年前，我的团队中有人误输入了一个 PHP 调用，创建了成千上万个页面，导致公司的 SEO 崩溃，严重影响了我们的数据库存储系统。他在凌晨 1 点给我打电话，我和他以及团队的其他成员一起连夜加班到早上，修复了所有问题，恢复了网站的正常功能。整个团队一起渡过了这个难关，没有抱怨，也无须我额外提要求，因为大家知道当我们解决问题后，我会给大家发放奖金和安排调休。

但大家不是为了我或是奖金而来的，而是为了他——我们的队友——来的。我的团队很少出现这种失误，但是，当问题发生时，每个人都挺身而出。这正是因为信任：大家都来支持他，他不用独自面对困难。他相信，如果遇到问题可以找我，我会帮助他。他知道，我们不会让他感到羞愧，反而会借此机会共同改进我们的系统。团队的其他成员也相信，我会给予他们应得的补偿，以及恢复精力的时间。

信任不仅仅是一个令人颇具好感的词，在工作中，它更像是一股无形的力量，能够显著提升我们所构建的系统的稳健性。妮科尔·福斯格伦（Nicole Forsgren）、耶斯·亨布尔（Jez Humble）和吉恩·金（Gene Kim）合著了《加速：企业数字化转型的 24 项核心能力》一书，对此进行了全面而深入的剖析。他们通过调研团队文化，并仔细研究高绩效团队与低绩效团队之间的差异，得出了一个并不令人意外的结论：那些富有创造力、以使命为驱动且充满信任的团队，往往也是故障率最低、绩效最高的团队。该书内容引人入胜，我由衷地向大家推荐。

信任至关重要。创建一个充满信任的工作环境是管理者的首要任务。为什么？因为信任是以下几点的基础。

- **倾听彼此**：团队成员的意见有分歧并不总是坏事。最佳的工作方案往往是通过对多方不同意见的讨论和取舍得来的。只有当团队成员之间存在信任时，才能做到这一点。

- **正视错误中的人性**：我们醒着的大部分时间都在工作。在投入这么多时间和精力的情况下，犯错是在所难免的。如果一个团队的成员相互信任，它就能从失误和犯错中恢复原动力，承认错误，学习改进，并继续前进。大家不会贬低或利用错误来攻击他人，也不会急于辩解或推卸责任，而是能够谦逊地面对错误，并从中学习。信任，正是这一切的基石。

- **创造力**：缺乏信任给人压抑感。当你觉得一举一动都受到审视与怀疑时，就很难有创新。信任感和愉悦感有助于创新，也有利于取得商业成功。稍后再详细讨论这个主题。
- **让工作更有趣**：在一个可以做自己、开玩笑、充满信任的团队中，我们更有融入感。如果缺乏信任，我们将很难维持一份工作；而培养这种信任感，你可以留住员工。

那么，该怎么建立信任呢？

3.3　展现脆弱性

"蜘蛛侠"系列电影的评分持续走高，而"蝙蝠侠"系列电影的评分却逐渐下滑。我认为，这与角色所展现的脆弱性息息相关。漫威（Marvel）并未掩盖蜘蛛侠的弱点，反而巧妙地将这些不足融入到故事情节中。蜘蛛侠之所以深受观众喜爱，正因为他并非无可挑剔的英雄。相较之下，蝙蝠侠的形象却日益远离我们所能理解并产生共鸣的"人性"。这或许解释了为何"蝙蝠侠"系列电影必须营造一种暗黑的氛围——似乎唯有如此，才能暗示其角色内涵。但这种过度的暗黑风格反而让我望而却步。

展现脆弱性对许多人而言并不容易，因为我们常常认为这会暴露自己的软弱。但实际上，这不仅需要你自己具备足够的勇气，同时也能激励他人勇敢起来。

你将会反复听到我这样说：**作为管理者，你必须以身作则。** 展现出你值得信赖的品质，并学会信任他人。这意味着你需要在团队面前坦诚地展现自己的脆弱。你需要通过言行表明你如何关心他们，以及为何关心他们。

有些人可能将管理视为坚不可摧的堡垒，充斥着戒备与权威。但我对此持保留意见。

当出现问题时，你更愿意与始终表现完美的管理者沟通，还是更愿意和一个肯承认自己错误的管理者沟通呢？事实上，你的团队需要知道你也只是普通人。如果你对问题一无所知，就无法解决它。同时，你需要给予他人犯错的空间，否则他们不会向你敞开心扉。

为了团队的良好运转，如果需要有人率先展现脆弱性，那么作为管理者，最简单的做法就是你自己先迈出这一步。比如，你可以向大家坦言自己今天状态不佳、对某些事情感到困惑或犯了错误。你无须时常如此，偶尔的坦诚已足够有益。

在技术领域，作为少数群体的一员，展现脆弱性尤为困难。同样的承认错误，对某些人来说是谦逊的表现，而对另一些人来说则可能是失败。我自己也常在是否应展现脆弱性上犹豫不决——在技术领域，身为女性，这会不会让我显得软弱？有些行为在男性同行身上被视为谦逊，但若发生在我身上，可能会被解读为无能。这种差异不仅存在于性别之间，还存在于种族、社会阶层、残疾人等内群体与外群体的关系中。

如果你认为展现脆弱性是一件复杂的事情，我完全理解。你需要根据自己的具体情况去判断是否适合这么做。并非每个人都站在同一起跑线上。你可能需要先感受一下周围的环境，甚至在采取行动之前，评估一下自己是否有足够的心理准备来应对可能出现的问题。在这里，依靠既往生活经验可能会有所帮助，毕竟每个人的经历不尽相同。

3.4　个体间的信任

与他人建立信任并不存在唯一"正确"的方法，建立联系的方式多种多样。上一章我们讨论的价值观相关的内容在这里同样适用，而更多内容我们将在第 8 章中详细探讨。

遗憾的是，人类往往不善于通过表面现象来判断事物。我们天生更容易被那些与我们相似的人所吸引。然而，作为管理者，我们必须尽力去与每个人建立联系，无论他们与我们有多么相似或多么不同。

我时常提醒自己，我遇到的每个人都有其擅长的领域，如果我能从他们那里学到东西，那将是我的幸运。每个人都拥有丰富的经验和知识，我很感激在与他们相处的时间里，我能够不断学习，获得更多成长。你可能已经猜到了，学习是我的价值观之一。

在马蒂亚斯·R. 梅尔（Matthias R. Mehl）等于 2010 年进行的名为"Eavesdropping on Happiness: Well-Being is Related to Having Less Small Talk and More Substantive Conversations"（偷听幸福：实质性对话和闲聊与幸福感的相关性）的研究中，梅尔发现有意义的对话与人际关系深度之间存在显著的相关性——当你停止肤浅的闲聊，开始谈论对你而言更重要的事情时，能更迅速地与他人建立信任。

与刚认识的人进行深入交流可能会让对方感到不安，但这项研究表明，闲聊难以给人留下深刻的印象，与不太熟悉的人展开实质性的对话反而可以建立信任，并且双方都会感觉更加愉悦。当然，过分深入地探讨私密话题可能会引起不适，因此要注意循序渐进地展开这种深度交流。

幽默其实也是建立信任的一种有效方式，但这一点常常被忽视。如果你能与他人共享欢笑，那么彼此就更容易坦诚相见。每当我用那些拙劣的双关语"逗乐"我的团队时，我都会用这一点来安慰自己。

哦对了，我之前有没有提过用户体验（UX）开发人员戴的是什么眼镜啊？是线框图眼镜哦！[①] 开个玩笑，希望大家别介意。

言归正传……

---

① 这里利用了"wireframes"（线框图）与"wire frames"（金属边框眼镜）的谐音双关。

——译者注

如果某人在过去的工作经历中受到过伤害，而你想要给予他支持……

比如说，你的团队里有一位成员，他在以前的工作中遭受过不公正的待遇。像这样的人，一开始往往不会轻易相信你是真心实意地为他们好。这也难怪，毕竟他们曾经受过伤害，怎么会轻易相信别人呢？

要想支持这类成员并与之建立信任，你可以尝试以下步骤。

- 询问他们当前的想法和工作状态，并且全身心地倾听。倾听他们的日常工作，倾听他们认为做得好的方面，倾听他们的目标、价值观，以及倾听他们认为团队需要改进的地方。

- 回顾我们之前讨论过的价值观，思考一下：他们的价值观是什么？他们的工作背景是什么？他们的个人价值观与团队、整个组织以及他们正在从事的工作有哪些契合点，又有哪些差异？

- 敏锐地捕捉他们为团队带来的闪光点，并让他们知道你已经注意到了这些优点，并且非常珍视。每个人都有自己独特的价值，多关注他们的工作表现，给予肯定和鼓励，这样不仅能增强他们的自信心，还能进一步加深你们之间的信任。

- 主动向他们寻求反馈。由于你们之间的权力差异，他们可能很难直接向你表达该如何更好地支持他们。作为管理者，你必须率先行动，展示自己的脆弱性，这有助于打破彼此间的隔阂。但请注意，仅在你不设防备、愿意接受他人观点的情况下，才寻求反馈。（稍后会详细讨论这一点。）

- 要密切关注这位员工与同事的相处情况：是否融洽？有无隔阂？是否存在误会？有时候，一个人经历过困境后，可能会变得有防备心，甚至筑起心墙。从进化的角度看，这是为了保护自己，避免再次受伤，出现这种反应也在情理之中。然而，他们可能并未察觉，这样的行为会让那些对最初事件并不知情的人感到难以亲近。我也曾有过类似的经历，当时多亏了一个我信任的人及时指出这一点。

- **一个更为重要的行动是：努力改进或修正那些可能导致员工感到脱节的工作流程或存在的不协调问题。** 想想看，他们是否被困在了一些对他们来说毫无价值或意义的项目中？如果是这种情况，你或许应该考虑重新安排他们的工作。又或者，他们正在处理的工作任务是否缺乏明确性，让他们感到迷茫？如果是这样，你能否为他们提供更为清晰的指导？这些实际行动比空洞的言语更能有效地建立信任，因为你是在实实在在地展现（而非仅仅口头承诺）你对员工福祉的关心与重视。

- 想象一张维恩图，其中一个圆圈代表团队成员的兴趣，另一个代表公司的业务需求。团队成员的主要工作任务是否位于这两个圆圈的交集？如果不是，你能否引导他们朝这个方向发展？

- 加强他们对于"你关心他们的幸福感"的认知，让他们知道"他们感受到支持"对你来说非常重要。

- 如果需要调整他们的工作，请说明原因："如果你能参与这个项目，你的工作会更有价值，还能减少无谓的忙碌。我希望看到你在一个能充分展现自身才华的岗位上蓬勃发展。"

建立信任的途径多种多样，而这仅仅是其中一部分。关键在于，建立信任对你而言必须是有意义的，并且需要你真心投入。

最为重要的就是要时刻铭记价值观和边界感。深入了解每个团队成员的背景，并清晰界定为了让他们感受到支持而必须遵守的边界。团队就这些价值观达成了共识，还是存在分歧？如果不努力去相互理解，信任的建立就会困难重重。

这需要你在前期付出大量的努力。而一旦这些工作完成，你就会发现团队对你的依赖逐渐减弱，你无须始终停留在最初的信任建立和修复阶段。此后，只需稍作调整，即可确保团队工作的顺利进行。而且，你所采用的这些建立信任的方式，有时还能提升整个团队的工作效率，让团队协作更加默契。

看到团队成员取得成就时，那种喜悦是无法言表的！尤其是，他们曾经历过种种困难，如今终于迎来了辉煌时刻。

3.5　团队信任

我曾带领过一个团队，成员个个聪明能干，且勤奋努力。但遗憾的是，他们之间缺乏信任。这并不是说他们不喜欢彼此——事实上，他们相互非常尊重。然而，他们之间似乎总存在着一种难以言说的隔阂。这导致当小问题出现时，他们往往选择沉默，不愿直接指出，最终使得问题积压，无法得到及时解决。

那么，如何在团队成员之间，以及你与每个团队成员之间建立起坚实的信任呢？

一个有效的方法是观察团队成员是否在回避建立信任，哪怕这一点并不容易察觉。为了更好地评估这一点，我们可以先了解一个充满信任的团队通常具备哪些特征。

- 他们能够坦然地当面指出彼此的问题，而不会感到尴尬或不适。
- 他们愿意分享个人的生活细节，并在遭遇困境时向队友倾诉——这对他们来说并不是什么大不了的事情。
- 他们可以就问题进行深入的讨论和辩论，以寻求最佳解决方案。
- 他们能够灵活地适应并满足彼此的需求。

通过了解一个充满信任的团队的特点，我们可以推断出团队成员之间如果缺乏信任可能会出现的情况。

- 他们更倾向于向你反映同事的问题，而不是直接与同事沟通解决。
- 他们之间保持着一定的距离，对彼此的了解并不深入。当遇到困难时，他们也不愿意坦诚地交流，这导致在问题发生时缺乏必要的参考信息。
- 当出现问题时，他们往往急于下结论，通常是第一个发言的人占据上风。
- 他们过于关注个人的需求，而忽视了与团队的沟通和协作。

值得庆幸的是，你现在已经找到了解决问题的方法！如果你发现团队中出现了上述任何情况，你可以温和地引导团队朝着更积极的方向发展。例如，建议他们在团队会议上直接提出问题，而不是私下找你解决，或者鼓励他们与同事进行一对一的深入交流。你甚至可以直接告诉他们："我们正在努力提升团队成员之间的信任度，以便更好地协同工作。让我们一起来讨论并解决这个问题吧！"

在下一章中，我们将深入探讨社交关系在营造一个让人们感受到支持的工作环境中所起的重要作用。

3.6　团队周会

我反复观察到管理者所犯的一个重大错误是，没有跟团队定期召开会议。我理解，技术团队往往更愿意全身心投入到技术研究中。尽管大家都不喜欢频繁开会，但定期召开的团队会议却是极为宝贵的时间。团队成员需要这样的机会定期相聚，讨论工作进展，共同解决问题，并在其中寻找片刻轻松。这对于远程团队而言尤为重要，因为他们并不具备面对面办公交流的条件。因此，无论团队是否是远程协作，为成员创造相互交流与见面的机会都是至关重要的。在斯坦福大学出版社于 1983 年出版的 *Social Pressures in*

Informal Groups: A Study of Human Factors in Housing 一书中，费斯廷格（Festinger）、沙赫特（Schachter）和巴克（Back）三位作者对公寓楼里的友谊进行了深入探究。研究发现，邻近性和接触频率对于人们之间信任的建立起着至关重要的作用。通常情况下，人们更倾向于喜欢那些与自己有较多相似之处的人。而且，随着与他人相处时间的增加，即使一开始并不明显或只是表面上相似，我们也可能逐渐发现更多的共同点。

建立团队成员之间的信任

有时候，团队成员可能只与你个人建立了信任，但成员之间却显得有些疏离。虽然与某个人建立起这样的信任关系确实令人愉悦，但你的职责是提升整个团队的凝聚力和士气。如果你打造的团队仅仅依赖于对你的信任，那么在你不在场或没有你直接参与的情况下，他们就很难取得真正的成功。

举个例子，当团队中的某个成员遇到问题，且该问题对团队或其他同事产生了影响时，你可以建议他在团队的周会上提出这个议题，并引导大家进行坦诚的交流。在此过程中，强调你的支持至关重要，但同时也要让他们明白这样做的目的：为了团队的持续健康发展，团队成员需要学会更直接的沟通方式，并且能够展开富有成效的讨论，而不是私下解决问题。

刚开始，把某些话拿到台面上来说可能会让大家不自在，不过别担心，随着时间的推移，大家会习惯的。作为管理者，你应该积极推动这些讨论（想了解更多，可以参考第 14 章"冲突管理"）。

这里有几个建议，希望能帮你建立起团队成员间的信任。

- **根据团队规模，每周举行两次简短的站会可能是一个不错的选择**（注意，这里我说的是"每周两次"，不是两周一次）。在我之前管理过的团队中，有的在站会中通过看板来交流工作进展，有的则根据需要进行调整：一次站会用来梳理问题，一次站会用来深入讨论。具体怎么安排，还得看你的团队的实际情况。不过，我建议你的团队保持一个固定的会议节奏，这样有助于增强团队的凝聚力。

- **鼓励团队成员进行轻松的交谈**。虽然整个会议都在闲聊可能不太合适，但适当的随意谈话有助于减轻团队成员的孤独感。
- **如果你觉得合适，不妨开个无伤大雅的玩笑**。幽默具有惊人的凝聚力。我个人认为，能够一起开玩笑的团队通常能更坦然地面对错误，并且不会把分歧看得过重。更重要的是，幽默能为日常工作增添乐趣。

3.7　专属团队空间

想象一下：在一个面对面的办公环境中，当你的团队成员相约去吃午饭时，他们并不会邀请整个公司的人一同前往。在这样的专属时间里，他们有自己的空间，可以自由地交流、畅谈。**这样的环境赋予他们一种难以言喻的心理安全感，而如果他们感受到整个公司都在注视着他们，这种安全感将荡然无存**。在构建一种充满信任的团队氛围时，这种心理安全感是不可或缺的要素。

团队中偶尔会出现一些小冲突或问题，尽管看似微不足道，却需要通过深入的对话来解决。如果这种沟通试图在全员可见的场合进行，反而可能会对团队造成不必要的干扰。这是因为可能会有其他团队或高层人员突然介入"指点江山"，试图影响一个本与他们无关的决策。

在这种情况下，你往往会听不到团队中最内向的成员的意见。我可以非常确定地告诉你，这些内向的成员通常具有敏锐的观察力，而他们的见解是非常宝贵的。此外，这种全员可见的场合的对话对于团队形成一个包容、信任和自主的环境，也是非常不利的。

当然，公开对话在合适的时机和场合是非常必要的。我并不是说我们要彻底抛弃公开对话或书面文件这些沟通方式。我想强调的是，在保持公开沟通的同时，我们也应该为团队成员打造一个可以稍事放松、自由交流的空间，这样才能达到更好的沟通效果。因此，我建议大家为团队建立一个私人聊天群组。虽然很多公司倾向于将所有的对话都公开化，但在我管理过的众多远程团队中，我深刻体会到，一个团队拥有属于自己的私密空间是非常重要的。

当你第一次启动团队聊天时，可能会发现自己是那个"破冰者"，独自在那里发言，这确实会让人感觉有点儿别扭。但别担心，这种尴尬很快就会烟消云散。就像我之前提到的，总得有人率先迈出这一步。我个人的习惯是，一开始尽量让气氛轻松些，比如发些有趣的表情包，或者时不时地送上"周末愉快"的祝福，再或者就是一起庆祝团队的小胜利，又或是感谢某位成员的辛勤努力。慢慢地，你就会发现，其他成员也开始积极响应，加入到这个聊天的大家庭中来。

我曾接手过一个团队，那时成员之间交流甚少。为了打破这一僵局，我主动建立了聊天频道，然而起初只有我一个人在那里活跃（这种情况其实挺常见的，不必担心）。但随着时间的推移，团队成员开始慢慢地敞开心扉，彼此间的交流也逐渐增多。他们开始互相庆祝成功，开些无伤大雅的玩笑，甚至一起攻克工作中的难题。特别难忘的是有一个晚上，大家都纷纷在聊天频道里发言，互相开玩笑，气氛异常活跃，而我则选择了静静地在一旁观看。

那一晚，我兴奋得在厨房里手舞足蹈，心中充满了喜悦和成就感。嘿，说实话，在管理工作中，胜利的感觉有时就是这么特别，这么让人意想不到。所以，当机会来临时，我们一定要好好把握，珍惜这些难得的胜利时刻。

第 4 章

团队不是"他们"，而是"我们"

我观察到，那些能够带出卓越团队的管理者，他们身上有一些共同的特质。同样，团队表现不佳的管理者也有一些相似之处。这一切始于管理者如何谈及自己的团队。管理者提及团队的方式会向利益相关方、同事、团队成员，甚至管理者本人传递出重要信息。

你谈论团队和工作时的措辞，可能会增进彼此之间的信任，也可能会让信任瞬间瓦解。身为领导者，要勇于承认自己的错误并担起责任，这虽然会展现出你脆弱的一面，但也是非常重要的。因此，我们应当谨慎选择谈论团队的方式，这是我们将信任和脆弱性融入实际工作中的一种有效方法。

人们常常误以为管理者始终掌控一切。这种掌控力可能体现为指挥若定的姿态、出类拔萃的能力或个人卓越的表现。因为过分在意他人如何看待我们的掌控力，所以有时我们可能会表现出一些不良行为，这并非出于恶意，而可能是出于恐惧或过分谨慎。也正因为如此，人们有时会不自觉地将成功归功于自己，却避免为失败承担责任。

讽刺的是，你越想迎合外界对你的看法，往往越适得其反。这是因为作为管理者，**你要解决的问题本质上与"你自己"无关。**

你的团队是"我们"。无论你在组织架构中的地位有多高，你都是团队前进的推动力。团队中发生的任何事情，你都负有责任。在谈论团队时，应该将自己视为其中的一员。

当团队取得佳绩时，我们应当赞扬团队成员的努力，而不是突显自己的贡献。这样做能够让团队获得应得的荣誉。若在赞扬团队时还提及自己，可能会给人留下自吹自擂的印象，反而削弱了原本对团队工作的肯定。

例如，你可以这样说：

> "虽然项目时间紧迫，但团队依然圆满地完成了任务。每位成员都积极参与，全力以赴，他们的表现真的非常出色。"

然而，作为团队负责人，你有义务确保团队为项目的成功做好充分准备。如果团队在某些方面未能达到预期，那么你应该主动承担责任，用"我"来表述问题。比如：

> "我未能充分意识到时间的紧迫性，也没有为团队合理地安排时间。接下来，我需要召集大家共同商讨并制订一个更加高效的计划。"

请务必避免使用"他们"来推卸责任。例如：

> "他们没有遵循这个紧凑的时间表，导致项目无法完成。"

这样的表述是在逃避责任。我注意到，许多管理者在遇到困难时容易推卸责任，但在这些关键时刻，管理者更应该勇于承担责任，直面**他们职责范围内的挑战**。

4.1 更广泛的组织

你提及团队的方式还会影响你的团队与其他团队的协作。作为团队管理者，你并非只是自己团队的代言人，而是应该具备全局视野，不能孤立地看待其他各个团队。你的团队是公司这一更广泛组织中的重要组成部分，而公司由众多团队共同组成，这些团队唯有协同合作，才能取得成功，单打独斗是无法取得好成果的。

我得承认，直到读了帕特里克·兰西奥尼（Patrick Lencioni）的佳作 *The Advantage*，我才深刻领悟到这一点，为此要感谢 Netlify 的同事达莉亚·黑文斯（Dalia Havens）的推荐。兰西奥尼在书中着重指出，组织健康（而非单纯的"聪明"）才是成功的关键所在。许多聪明人凭借出色的点子创立了公司，最终却以失败告终。**这是因为组织健康的核心在于团队之间的协同合作。**

4.2 管理层也是一个团队

从根本上来说，公司内所有的团队均是整个企业系统不可或缺的一部分。**管理层本身也是一个团队，应被视作"我们"中的一员。讨论这个团队时的措辞同样至关重要。**

因此，在探讨任何一个团队的成败时，我们需要注意如何指称他们。大家共同为一个目标努力，每个团队都为公司的成功贡献了力量，这是大家应该达成的共识。管理层内部应建立起信任，并有勇气承担各自的职责，唯有如此，整个组织方能实现最佳运作。

或许你已领会我的意思：当谈及管理层时，它同样属于**"我们"**

的范畴。对于你与其他管理者及老板参与的会议上所做的决策，即便你并不认同，也不能对团队说："他们决定了 [我不认同的事]。"你当时也在场，甚至你很可能也参与了该决策。所以，在谈及管理层时，以"我们"的立场进行表述亦十分重要。为何如此? **因为作为管理者，我们的职责是竭尽所能地引导团队实现内部平衡与明确发展方向。**

听闻管理者在谈论他们所在的管理层时，仿佛自己并非其中一员，仿佛对所发生的事不负任何责任，这会让人感到困惑与迷茫。基层员工无力推动领导层变革。若你将自己排除在管理层之外，不仅会打击团队士气，还会导致他们对公司其他部门产生不信任感。这将使大家对其他团队及其动机形成不良印象，最终将损害组织健康（如我们之前所讨论的那样）。

使用"我们"一词意味着，对于你参与其中的管理层决策，你要向自己的团队负责。若你的团队成员对管理层的决策方向存疑，作为双方沟通的桥梁，你有责任解疑答惑并推进后续工作。

然而，在某些情形下，为管理层的决策辩护可能并不合适。例如，若管理层做出严重违背你核心价值观的决策，你应该坚决反对。如果此类情况难以避免，你可能需要考虑寻找一个新的工作环境。

对于如何向下属传达管理层的决策，你可以参考以下示例：

> "本季度，公司下达了推出至少三个新功能的目标。现在，我们需要一起探讨如何实现这一目标。"

与之相比，更好的表达方式可能是：

> "本季度，我们公司的一个核心 OKR（目标与关键成果）是使平台注册量翻倍。据我们预测，通过推出三个新功能，我们有很大机会达成这一目标。现在，让我们一起来探讨一下我们团队

能为此贡献什么力量。如果你们感兴趣，我们也可以谈一谈其他团队为了支持这一目标正在推进的工作。"

第一种说法显得较为生硬且可能打击团队士气。我过去为了赢得团队成员的喜爱，让他们视我为同事，也曾犯过类似的错误。但我们的关系远不止同事这么简单，我还需要对他们负责。

你会注意到，第二种说法还阐述了决策背后的考量。我认识到，在需要对决策负责时，我更在意团队成员是否理解了这些决策背后的动因。这对于提振团队士气至关重要，也可能是你最重要的职责之一！

第二种说法的结尾部分，还为后续的讨论留下了空间。既然你要对决策负责，那么你同样需要了解与决策相关的各种细节，并展现出与团队共同深入研讨的意愿。

4.3 如果你犯了错误怎么办

犯错是人之常情！管理工作本就充满挑战，谁也无法做到尽善尽美。我自己也曾犯过不少错误。我们应该从错误中汲取教训，努力在未来规避同样的错误，从而营造更优质的工作环境。

若在会议中意识到自己犯了错，你可以及时回顾并澄清，重新探讨该问题，并勇敢地承担责任。或者，若该议题已经讨论完毕，你可以在接下来的环节中提出并解决。当事情进展不顺时，要明确地表达你作为最终负责人愿意为结果负责的态度。

不论我们当时是否担任团队管理者的角色，我们都在向团队、同事和利益相关方传递一种信息。我们展现的是自己是否在以谦逊的态度解决问题，以及是否有意愿去合作与改进。这种谦逊是管理团队不可或缺的重要素质。

第 5 章

快乐与驱动力

我们团队在一个项目中设置了一个卡通太空仓鼠机器人，用于在特定服务完成转换时向我们发出提醒（毕竟，有谁能抗拒一个可爱的太空仓鼠机器人呢？）。但就在某次关键版本即将发布之际，团队中的一位成员推送了一段更新代码，意外触发该服务被连续调用数千次。这导致服务器将其误判为系统遭受了分布式拒绝服务（Distributed Denial of Service，DDoS）攻击，并因此中断了我们的访问权限。紧接着，通信频道里瞬间充斥着太空仓鼠提示消息，同时团队中也频频传出"怎么会这样！"和"我真后悔啊！"的懊悔之声。

离版本发布只剩几个小时，但一切似乎都乱了套。

面对突发状况，或许许多人会手足无措，互相推诿。但我们团队却以乐观的态度积极应对，迅速在群聊和通话中集结力量，共渡难关。那一天，我为团队的表现感到由衷的骄傲。他们处理问题的方式极为出色。这次事件也对我们团队的合作方式、修复问题的能力和工作模式的迭代产生了深远影响。

想象一下，如果团队中的每位成员都能全身心地投入工作，那将是多么理想的画面！他们不再背负沉重的心理负担，而是从内心深处感受到完成任务的驱动力，也不再为了追求眼前的利益而苦苦挣扎。作为技术管理者，我的使命是创造一个良好的环境，让员工们能够尽情施展才华，展现出最佳的工作状态。

团队的文化氛围和士气，在很大程度上取决于管理者的引导。

长期以来，我坚信快乐在工作中的重要性远不止"锦上添花"。经过多年的观察，我发现那些能够共享欢乐与幽默的团队，无论是在顺境还是逆境中，都能保持极高的工作效率。直到读了丹尼尔·平克（Daniel Pink）的 *Drive* 和肖恩·阿绍尔（Shawn Achor）的 *The Happiness Advantage*，我才恍然大悟，原来科学已经验证了我的发现，这让我倍感振奋。工作中的快乐绝非空谈，它与公司的利益紧密相连。

5.1　虚假乐观与和谐表象

"振作点儿！情况没那么糟糕！"

当你心情低落或沮丧时，还有什么比听到这种空洞的安慰更让人难受的吗？恐怕没有了。

在本书中，当我提及"幸福"时，我并非指那种明明不开心却还要强装笑颜、佯装一切安好的状态。当你感到失落时，你大可以坦诚地表达自己的感受，同时依然能与周围的人保持联结。你会感受到安全和信任，从而勇敢地吐露心声。当你真心快乐时，就展露笑颜；当你并无笑意时，也无须伪装，你的身边围绕着真正关心你的人，他们会始终相伴。

如果团队成员彼此信任，坦诚地展现自己的脆弱，会带来一种别样的幸福感，如图 5-1 所示。当然，这只是事情的一方面。

图 5-1：即便心情低落，两只恐龙依然喜欢彼此（已获 @dinosandcomics 授权使用）

5.2 全心投入与目标感

我老公足足花了五个小时才劝动我离开家门，他好在公园里向我求婚。

"再等我五分钟！"我连续数小时一边埋头编程，一边朝房间另一头的他大喊。那项目显然不是五分钟就能搞定的。他可怜兮兮地一次次把香槟放进包里，每次看我没动静，就又得把香槟放回冰箱。

当时我并不知道他去公园的用意，只顾着埋头工作，完全没注意到他比平时紧张，也没看见他为这次简单的出游背了个大包。

我完全沉浸在工作中，进入了心流状态。我热爱编程，一旦开始一个项目，就很难停下来。

你还记得上次全神贯注地投入某项任务的情景吗？你忘却了时间和空间，甚至忘却了自己。有人把这种状态称为心流状态，在那种时刻，你全身心地投入到正在做的事情中，感觉所需工具触手可及，而且你所创造的东西比你自身更为重要。当你的目标清晰且坚定时，对工作的自主感与掌控感便油然而生。我希望在我的团队中也能培养这种感觉，因为能以如此高效的方式投入工作时，内心会涌现出无尽的喜悦。

心流状态，这一概念由心理学家米哈里·契克森米哈赖（Mihály Csíkszentmihályi）在 1975 年首次提出。它指的是一个人完全沉浸在某项活动中，达到高度专注、全身心投入并享受其中的状态。在这种状态下，人们不再分心于其他事物，甚至忘却自我，只专注于眼前的任务或挑战。很多人表示，这是他们生命中体验到的最幸福的感觉。

心流状态还有一个显著的好处，就是能提高人们对挫折的容忍度。这也回应了一些人对于"激情"的疑虑：当遭遇困难时，如何保持激情？在心流状态下，那些原本可能让人感到焦虑和压力的问题，会被以全新的视角看待，因此人们会有更大的决心去攻克难题。

那么请问：你的团队成员在何时能感受到这种强烈的目标感？什么样的工作能引领他们进入心流状态？这是否意味着管理者能掌控员工的心流状态？从某种程度上来说，的确如此。心流状态主要取决于员工个人的体验和感受，因此我们无法直接为员工创造心流状态。但作为管理者，我们有能力去构建一个有助于员工进入心流状态的工作环境。为了让工程师在工作时更易达到这种状态，我们需要确保满足以下条件。

- 团队成员要对工作的基本前提有共同的认知。
- 每个成员被分配到的工作不仅富有挑战性，还切实可行。
- 团队成员要能感受到团结协作的氛围，为共同的目标而努力，并相互支持。同时，个人的价值观与工作内容不应产生冲突。
- 每个成员都应感到被尊重。
- 团队成员要及时地得到关于工作的公正反馈，这种反馈可以是同事的评价，也可以是系统提示，如编译成功、测试通过或代码合并请求被接受等。
- 当团队成员为公司付出努力并完成任务后，应得到应有的报酬、奖金、晋升和加薪。
- 工作时，每个成员能忘却自我，全身心投入，只专注于完成任务，没有其他目的。他们应该追求最佳工作成果并致力于持续改进。
- 团队成员应能感受到来自团队和领导的信任与支持。

如果我们能营造出一个让员工在少受干扰的情况下进入心流状态的工作环境，那么很多不必要的工作摩擦就不存在了。而且，处于心流状态的员工也更能从多个角度看待问题。

你是否信任你所领导的团队具备自主推动工作的能力？如果你雇用他们是因为看重他们的专业能力，那么你是否已经为他们提供了充分展现这些能力的平台和机会？

总的来说，一个快乐、有动力的团队不仅能看到工作更广泛的意义，还能在执行任务时感受到充分的授权。当团队成员表现出色时，我们要及时给予肯定和祝贺。工程工作充满了挑战，所以在他们到达某个重要节点或取得显著成果时，你的鼓励和支持至关重要。

5.3　成就与奖励

当员工能从工作中获得自我实现的满足感时，作为管理者，你应该如何合理地引入奖励机制呢？考虑到工作本身具有创造性地解决问题的特性，画饼充饥式的奖励效果有限。

谈谈动力

那么，我们来深入探讨一下"动力"这个话题。当你全身心投入工作，忘却周遭一切纷扰时，你能找出这些经历有哪些共同之处吗？

- 你的工作具有挑战性，但同时也应该是可完成的。
- 你在一定程度上与工作任务的目标产生了共鸣。
- 不论外界如何影响，也不论有无奖励，你都能保持对工作的专注与热情。
- 工作本身所带来的成就感，其实就是一种最好的奖励。

近年来，关于内在奖励和外在奖励的研究不断开展。内在奖励源于做某件事本身带来的满足感，而外在奖励则来自完成任务后获得的外部认可。*Drive* 一书深入剖析了这两种奖励，并揭示了长远来看，那些受内在工作动力和愿望驱使的人工作效率更高。

当然，这一切取决于个人的基本需求是否得到了满足：获得了公平的薪酬，而且这份薪酬通常高于行业平均水平。若员工觉得薪酬不公，他们将难以进入全身心投入的心流工作状态。他们会被不公平感所困扰，无法专心于工作。这样的情况屡见不鲜。作为管理者，我们的职责之一就是竭力确保员工能够获得与其工作相匹配的公平薪酬。这需要我们与公司的人力资源部门或其他相关方紧密合作，以明确加薪或晋升流程。

在接下来的章节中，我们将进一步探讨外在奖励，以及如何规划员工的职业成长与晋升路径。

5.4 人际关系

在紧张忙碌的时候，我们常常忽略了对人际关系的培养。然而，在压力之下，你与他人之间的关系越紧密，你就越会感到快乐，感受到的压力也就越小。孤立无援的状态实际上会对工作效率造成负面影响，而来自他人的支持则能帮助你更快地从工作压力中恢复过来。甚至有人表示，与同事之间建立的坚实社交纽带能让繁重的工作变得轻松许多，即便是在长时间工作的情况下和艰苦环境中也是如此。

积极的社交互动能够增加催产素的分泌，从而减轻焦虑感。研究还表明，社交支持甚至有助于延长寿命。

创造一个包容的环境，实际上与出色地完成工作紧密相关。这也意味着，即使你不在场，也要鼓励员工之间保持联系和互动。

比如说，基兰最近感到孤独，他觉得自己与同事之间的联系不够紧密。这个时候，可能需要努力地建立个体之间的信任，但也许基兰是在提醒你，整个团队内部的信任感也需要加强。也许现在是组织一次团建的好时机，大家可以借此机会增进了解。如果你们是远程团队，也可以选择一些远程团队活动来增进彼此的了解和信任，比如：

- 让团队中的每个人做一个简短的（五分钟）演讲，分享他们感兴趣的、与工作无关的话题；
- 一起玩儿密室逃脱或在线游戏；
- 进行一次价值观训练，并讨论大家喜欢以什么方式接收反馈；
- 分享美食，如果是远程团队，你可以提前为每个人订购一份食品，让团队能一起讨论美食的味道和香气（同时要注意大家的饮食偏好与禁忌）；
- 让每个人分享一些比较私人的事情，比如他们小时候的梦想，他们有什么超能力，超能力从哪儿来，成长过程中面临的最大挑战是什么。

你可能会惊讶，这些小小的练习活动竟然能让团队变得更加开放，并能帮助你们更好地了解彼此。我过去常常组织一些轻松的社交活动（不一定非要喝酒）。有时我会参加，有时则不会。除了需要从繁多的会议中抽身休息一下，我还希望团队成员能有自己的空间和时间来建立联系。

5.5　结对编程与集体编程

结对编程或在团队中进行的集体编程，如果进行得当，可以是一种很好的团建活动，但如果执行不当，也可能产生不利影响。当我们谈论信任、脆弱性（敢于暴露自身不足）、驱动力与幸福感时，结对编程或集体编程可以成为团队培养这些能力的一种方式。在这种编程方式中，团队成员会分享他们解决问题的思路，以及他们的成功与失败。

这项实践的关键是团队中**最具经验的人能够保持耐心**。如果能找到一个可以指导团队，同时尊重他人、待人友善的人，那么就能创造一个开放的环境，大家也不会感到拘束。一个能将自我价值与工作分开的人，是领导协作编程的合适人选。关键是找到一个能从支持他人中获得价值而不是只追求凸显自己聪明的人。

结对编程和集体编程也可以帮助团队**在项目处于 0~1（从无到有）阶段时做到信息共享**。如果你刚开始一个项目，正在设计架构，那么一起解决这个问题对后续的所有工作都有帮助。当大家一开始就一起工作时，未来出现意外情况的可能性就会更小。此外，代码评审也会更快，不仅减小了产生消极情绪的可能性，还减少了因试图理解代码逻辑而浪费的时间。团队从一开始就会处于相互理解的状态，并且会持续下去。

最后，结对编程和集体编程**对于远程团队来说，有助于增进彼**

此之间的联系。你们无法在办公室或休息区见面，只有在开会时才能碰面。一整天都忙于工作，缺乏与团队共同度过的快乐时光，这可能会让人感到有些孤寂，总是觉得缺少了一些合作的机会。而结对编程和集体编程则能让大家一同思考难题，在这个过程中感受到更加紧密的团队联系。

5.6 负面偏见

作为管理者，你无法确保团队成员的表现，但你可以努力为团队创造一个安全、充满内在工作动力的环境，并尽量减少外部干扰。

我们的大脑天生具有负面偏见。这听起来可能像是一件坏事，但实际上，负面偏见是一种非常强大且具有保护作用的进化机制。比如，你被炉子烫伤了手，你的大脑会强迫你记住这次痛苦的经历，之后你就不会再犯同样的错误。当面对两种不同的记忆（痛苦的和美好的）时，如果由你的大脑来做主，它往往会提醒你记住那个痛苦的记忆。当你对某件事感到恐惧时，就像你的大脑记住那次烫伤一样，你会尽量避免将来再次遇到这种危险。"做得不错，大脑！"你会这样称赞它。

然而，在日常工作中，负面偏见这一机制并不总是那么有用。并不是每种恐惧都会危及我们的生计或幸福感，我们也不再需要像原始人那样去躲避捕食者。

那么，负面偏见与幸福感有什么关系呢？当你和团队成员一起解决问题时，你们的大脑可能会过多地分析和记住与这个问题有关的负面影响，而这些负面影响实际上可能并不存在，或者对于问题的解决没有帮助。

这意味着你必须积极主动，与团队一起努力消除这种现象。这被称为"消解效应"，它可以在团队发生冲突时帮助缓解压力。

以下是我实现消解效应的一些方法。

- **用事实来核查**。有时候，我们在没有完全理解状况的时候就会做出反应。大脑为了保护我们，会引导我们得出负面结论，以便我们提前做好准备。这在试图让团队达成共识时非常不利，因为一些成员可能会觉得自己被误解或受到了攻击。我的教练杰西经常提醒我，用事实来核查能帮我们客观地重新审视某一特定情况下的真实状况，这是一个非常有效的工具。
- **发现并拥抱积极的一面**。由于你的大脑可能会将你和其他人带入恐惧模式，因此寻找事情中的积极因素并大声说出来，可以帮助平衡消极情绪与积极情绪。神经生物学家发现，由于大脑中存在镜像神经元，所以哪怕只向团队引入一个积极的人，也可以提高团队整体的幸福感。在招聘时切记，并不需要招聘的每个人都保持积极状态，但团队中至少要有一个人能保持这种消极与积极的平衡，尤其是当其他人倾向于消极时，这是非常有益的。
- **拒绝负面的假设**。作为管理者，你有时需要反驳对某种情况的偏执或消极看法。
- **审视后果**。大多数情况下，行动的后果并不像人们所说的那么严重。宣称"所有人都会被解雇！"或"系统会崩溃！"并没有什么实质性作用。真正的风险是什么？清楚地表达出来，或者让别人说出来，这样大家就能对利害关系达成共识。然后，你可以分辨出哪些是最大的风险，哪些根本不是风险。
- **在极端情况下，暂时离开**。如果你的团队中有一些情绪极其不稳定的成员陷入了恶性循环，那么要想达成共识，你可能需要稍后与他们进行一对一谈话。虽然团队沟通应尽可能保持公开，但有时候，大家在一起的会面形式可能不再富有成效。这时候每个人都需要点儿时间冷静冷静。但这种方法不能频繁使用，也不是你的首选，应在实在想不到其他办法的情况下才使用。

心理学家提出了一个人在感到沮丧之前可以容忍的负面互动与正面互动的比例，这个比例被称为"洛萨达系数"（Losada coefficient），如图 5-2 所示。该系数表明，正面互动与负面互动的比例（即赞扬与指责的比例）应为 2.9∶1，而达到最高幸福感的比例则为 6∶1。

这个比例可能因群体或个人而不同，但我们在与团队相处时应牢记在心。

洛萨达系数

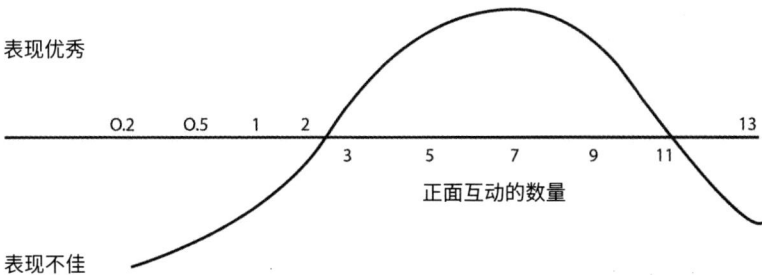

图 5-2：洛萨达系数曲线——正面互动的数量如何影响人的表现

尽管图 5-2 中的"洛萨达系数"概念存在争议，但它的核心理念却引人深思：为了真正做到理性、有创造力和深思熟虑，我们必须学会抑制寻找和记住那些负面事物的本能。肖恩·阿绍尔在 The Happiness Advantage 一书中指出："在数学考试前，如果一些学生被引导回忆一生中最快乐的一天，他们的考试成绩会优于同龄人。类似地，在进行商业谈判时，表达出更多积极情绪的人会比态度中立或消极的人更高效、更成功地完成谈判。"

再次强调：作为管理者，你需要积极营造良好的团队文化和士气，这是你的职责之一！

这意味着当团队遇到问题时，你要深入其中，通过提问来理解每个成员的观点。在第 11 章中，我们将详细讨论如何提供反馈。反馈、信任以及理解彼此的价值观都与团队的幸福感紧密相关。

5.7　提升自我

面对一项既困难又超出舒适区的任务时，你该如何增强专注力和驱动力呢？期望你或你的团队成员能在短短几天内改变行为、提升产出，或实现巨大的飞跃，这显然是不切实际的。然而，我们可以通过持续做出微小的改进来逐步提升。

渐进式习惯的培养

我曾经领导过一位极具野心的女性员工。在每次的一对一谈话中，她都会详细列出她想要完成的所有任务。她设定的目标是团队中其他人的三倍，而且做的都是大型项目。她的想法既合理又富有战略性。如果她能成功完成其中任何一个项目，对公司来说都是巨大的成就。

起初，她的工作表现非常出色。尽管我提醒她不必承担过多的任务，但她的成果总是让我惊叹不已。然而，随着时间的推移，她的进展开始放缓，手头上剩下的任务都是棘手的大项目。她开始因为任务的巨大压力而不知所措。

有一小段时间，这样的状态还可以接受。毕竟，她一直以来都在出色地交付工作，而且没有人能永远保持这样的强度。但过了一段时间，我开始担忧。她看起来比平时更加害羞和内向，我看得出她因为没有进展而感到困扰和挫败。

"你知道，我们不必把这些任务都完成，对吧？"我试着安慰她。

"是的，我知道。"她回应道。但我看得出来，她真正想要安抚的并不是我，而是她自己和她那强烈的野心。

"那你看这样如何？"我提议道，"其中一些项目的规模相当大。我们能不能尝试把这些大项目拆分成多个小任务呢？"我看到她的眼中闪过一丝久违的光芒，仿佛看到了新的可能。

在接下来的一个小时里，我们共同努力，对她手头的一项大任务进行了拆解。我让她先专注于一个星期内能够完成的最小任务集合。结果，她不仅完成了所有这些小任务，还在接下来的一周里焕发了新的活力。完成这些小任务让她信心倍增，觉得剩下的任务也完全可以完成。当然，事实也确实如此。对于那些试图变得更强的人来说，把大任务拆解成小任务，并首先着手于最小、最可行的部分，会是一个非常有效的策略。

习惯和新任务在大脑中占用不同的区域。新任务需要我们付出认知努力，去仔细分析我们正在做的每一件事情。**而习惯则不同，几乎不需要我们的大脑付出什么额外的努力。**

习惯在付诸行动时并不需要太多的认知功能。你可以毫不费力地完成习惯行为，而不需要形成新的记忆，也不会给你的大脑带来额外的负担。如果能够日复一日地小幅度地调整习惯，我们就可以稳步地朝着更大的目标前进，而不是一下子完成所有的事情。

《掌控习惯》的作者詹姆斯·克利尔（James Clear）曾写道：

> "你采取的每一个行动都是投票给了你想成为的那个人。一两次做法不会改变你的信念，但是随着选票的增加，你的新身份的证据也会改变。这就是为什么有意义的改变无须剧变的原因之一。微小的习惯做法可以提供新身份的证据，从而带来有意义的转变。如果改变是有意义的，它实际上就是重大的改变。这就是微改进本身的悖论。"[1]

---

① 本段翻译引用自中文版《掌控习惯》（京联合出版公司，2019年）。——译者注

想象一下编程和开车的过程。刚开始学习开车时，你需要思考每一个动作，每一次身体协调，以及所有的交通信号和它们可能代表的含义。然而，随着时间的推移，你或许不需要太多思考就能顺利完成这些动作了。

同样，第一次编写一个异步/等待函数或者执行工作中的一些基本任务时，你可能需要大量的认知努力和错误尝试。但是，随着时间的推移，完成这些任务会变得越来越自然。因此，如果我们能够把任务分解成员工可以逐步养成的习惯，那么就能大幅提升他们进入"心流"状态的概率。同时，他们也更有可能真正地享受工作，跨越一个个小目标，到达更远的彼岸。

人可以不断成长

达到对事物高超的掌控力并没有固定的标准或先决条件。实际上，你的大脑能够随着挑战而不断成长和适应。在 *The Happiness Advantage* 一书中，肖恩·阿绍尔引用了一项研究，该研究指出，由于伦敦街道的复杂性，伦敦出租车司机的海马体（大脑中负责空间记忆的部分）比一般人更大。阿绍尔写道：

> "谁会在意呢？更大的海马体对普通人来说或许无关紧要，却促使科学家正视神经可塑性这一'神话'，即大脑是可以根据你的生活方式而发生改变的……答案显而易见，且不可回避。大脑的改变，曾一度被认为是不可能之事，如今却已成为众所周知的事实，并且还得到了神经科学领域一些最为严谨的前沿研究的支持。"

伦敦出租车司机并非痴迷驾驶，也不热衷道路和空间感知。他们的能力是在不断地完成各种任务的过程中逐渐提升的。

你的团队同样有能力在挑战中成长，他们并非一成不变。作为管理者，在遇到困难时，重要的是时刻提醒自己这一点。请相信你的团队。当你设定了更高的目标时，要确保让他们知道，你完全相信他们有能力实现这些目标。

第 6 章

员工长期关怀

"领导者在面对复杂和不确定的情况时，应该有能力澄清问题、明确方向，而不是让情况变得更加混乱。"

——萨蒂亚·纳德拉（Satya Nadella），微软首席执行官

之前，我们提到了内在动力的概念。你可能遇到过这样的员工：他们发自内心地热爱工作，但公司并没有给其应有的认可和评价。这种脱节感往往最让人痛苦。员工倾尽全力，却感觉价值被低估了，这会让他们非常难过。如果我们不帮助团队成员找到一条好的职业发展道路，他们可能会因此失去动力。

如果一个人觉得自己的工作受到了重视，并且有一个像北极星那样指引方向的明确目标，既能促进个人成长，又能对周围的人和行业产生广泛的影响，这是一种非常强大的力量。知道自己日复一日所做的事情是有意义的，小任务可以朝着更大的目标迈进，而且前方有一条明确的道路，这会极大地鼓舞人心，激励我们坚定地跨越障碍，取得更好的成果。

另外，没有什么比对自己的职业发展方向感到迷茫，或是对自己的职位和薪酬是否公平心存疑虑更加令人沮丧的了。这种迷茫和不确定性令人灰心、疲惫不堪，甚至可能引发职业倦怠，还会极大地分散注意力。如果一个人都不知道自己所做的工作是否受重视，他又怎能安心地完成工作呢？

作为管理者，我们的共同目标应当是像对待团队的技术和工作流程那样，严肃认真地对待员工的职业发展。理想的情况是，每个人都能按照他们预期的时间和方式晋升。我们的最终目标是为团队的成功打下坚实的基础：确保每个人都有一条明确且光明的职业发展道路，使他们能够专注于那些既有影响力又能带来满足感的工作。

6.1　亲力亲为并非上策

多年前，我曾领导过一位女性员工，她聪明、有才干、能力强，和她共事很愉快。由于她刚进入我们这个行业不久，显得有些胆怯，因此我尽力充当她的"保护伞"，为她扫清障碍，铺就一条成功之路。她稳稳当当地朝着高级职位迈进。即便在我决定离开公司时，我也特意告知她的下一任管理者，她应当在几个月内晋升至高级职位。

后来，我搬到了另一座城市。多年后，我偶遇这位女性员工，却震惊地发现她并未顺利晋升到高级职位。

我从中汲取了教训：对于我托付的下一任能干的管理者来说，这位女性员工的晋升并非头等大事。团队面临着无数其他更重要的挑战，她的晋升被忽视了。更重要的是，我意识到，我为她设置的所有"保护"措施，其实并未对她的长远发展起到积极作用。例如，我没有教她如何为自己发声，也没有教她如何游刃有余地应对职场。我发誓绝不再犯这样的错误。

但这真的很难！如果你能力足够强且关心你的团队成员，那么教会他们为自己发声，而不是直接为他们扫清障碍，可能会让你觉得不自在，但这才是真正帮助他们成长的方式。

重点不是要把那个人置于困境中，而是要真心关心他们。你有没有教他们那些必须掌握的技能？他们在你的领导下是否真的成长了？当管理者过度保护团队成员，认为自己在为他们做所有事情时，可能会陷入一种自我膨胀的状态，认为自己是最重要的，从而忽视了团队成员的成长和发展，这最终会影响团队和个人的进步。

对于一直想亲自编写代码的管理者来说，这个方法也同样适用。要意识到，你的首要任务不再是为你的团队完成所有编程工作。你这样做反而会阻碍团队的成长，让他们觉得你不信任大家。更糟糕的是，由于你掌握了他们没有的项目知识，而你现在又被困在会议中，这无形中会成为他们的阻碍。我确实犯过这样的错误，有时是因为我误判了截止日期，并且觉得自己需要介入"帮忙"，有时则是因为我还不懂得如何有效地分配任务。这些都是作为管理者必须培养和提升的技能。相信我，这些都是我亲身经历的血泪教训。

试着思考一下，如果没有你的帮助，别人需要哪些技能才能成功？然后，逐步地将这些技能传授给他们。当然，这说起来容易，做起来却很难，尤其是当你深陷各种事务的时候。不过，还是要花些时间思考一下，如何将这种教导融入日常的工作和交流中。

试着引导团队成员去取得你期望在他们身上看到的成果。你不必亲自编写所有的代码，但你需要清晰地阐述为什么这段代码是必要的，以及它需要实现哪些功能。相信他们能够想出解决办法，并会在需要指导的时候寻求你的建议。

6.2　偏见

聊到这里，是时候深入探讨一下偏见问题了。作为团队的一员，你必须致力于创造一种包容性的团队文化。如果团队成员感到被排斥，那么你就不太可能构建一个人人都能贡献力量且彼此信任的团队。偏见问题始终是你作为团队一员需要面对的，它如暗流涌动，潜藏于水面之下，不容忽视。你需要认真对待并深入思考这个问题。

打造一支能让具有不同背景、文化和生活经历的成员蓬勃发展的团队，正是创建健康工作环境的基石。前面已经讨论过，让周围的所有人都能很好地协同工作，是我们的重要使命之一。

要实现这一目标，首先你要承认自己不可能知道所有事情。有时候，你需要更多地倾听他人的意见，而不是一味地发表自己的看法。每个人的经历都是独特的，很可能与你的经历大相径庭。因此，敞开心扉去了解他人的观点和经历至关重要。虽然这可能会让你感到不舒服，但这是成长和进步的必经之路。

如果你是某个特定群体的一员，当听到其他群体的人谈论你们如何建立了排斥他人的文化时，你可能会觉得这是一种攻击。

作为管理者，你可能无法完全理解来自不同背景或群体的成员所经历的一切。我强烈推荐你阅读克劳德·斯蒂尔（Claude M. Steele）的著作 *Whistling Vivaldi: How Stereotypes Affect Us and What We Can Do*。书中写道：

> "问题在于，为了反驳别人对你的刻板印象，你不得不改变自己的行为方式。这无疑是一种额外的负担。你不仅要像在学校里那样去学习新技能、新知识和新的思维方式，还要像高科技公司的女性一样在工作中努力表现优异，更要努力打破关于你和你的群体的刻板印象和非议。你在同时处理多项任务，而且由于这关乎你所重视领域的存亡成败，这种多任务处理会带来极大的压力，令你分心不已……当意识到承受压力可能是你所处环境的一个持久性特征时，你可能会发现，在其中坚守并取得成功变得异常艰

难。打破刻板印象就像西西弗斯推石头上山一样，是一项永无止境的任务。只要你还处于存在这种刻板印象的领域，就注定要不断地与之抗争。"

在尝试通过他人的生活经历理解一些事情时，我犯过错误，你可能也会犯错。作为管理者，首先要认识到你需要学习的新东西很多，你不可能无所不知，所以需要学习和成长。

詹妮弗·布朗（Jennifer Brown）在 2019 年出版的 *How to Be an Inclusive Leader: Your Role in Creating Cultures of Belonging Where Everyone Can Thrive* 一书中，描述了**包容性领导转变的不同阶段**，包括：

1. 无意识
2. 有意识
3. 积极
4. 倡导

从无意识到有意识本身就是一个转变。而且即便需要一些勇气，为他人发声的倡导行动也是在这个过程中逐渐实现的事情。在包容性领导的各个阶段，倾听始终起着关键作用。

对管理者来说，这并非一个线性的转变过程。你可能在人生的某个阶段或在包容性的某个维度上取得显著的进步。或许你与某个群体关系密切，在这个领域你更容易成为倡导者。然而，作为管理者，你的目标是不断识别和克服自己的无意识偏见，并努力消除团队的偏见行为。构建包容性文化是你的职责。这种文化不会自动形成，你不能袖手旁观。

包容性文化的建立充满挑战，需要你付出极大的努力，而信任也是在这个过程中逐渐建立起来的。如果团队成员感觉被区别对待，那么信任就无法建立。**记住，信任即包容。**

最后，请记住，如果你发现对方没有意愿去讨论任何内群体/外群体等问题，或者你们之间尚未建立起足够的信任去探讨这类敏感话题，请不要强行开启这种对话。这并不是你个人的事情，而是关乎对方以及你们之间的关系。对方需要投入大量的精力去思考这些话题，还需要兼顾你的感受。

6.3 行动中的信任与偏见

设想这样一个场景：你的团队成员正在交谈，突然有人发表了不当言论，对话因此中断。此时，你会如何应对？

或许你会选择沉默，心里盘算着各种理由："我并没有真正参与对话，现在突然插话会很奇怪。"

但别忘了，作为团队的管理者，你有塑造团队文化的职责。**团队文化的强弱，往往取决于它所能容忍的最恶劣行为。因此，站出来发声是你的职责所在。**

在这种情况下，我建议你迅速而明确地指出问题："嘿，我们的团队应该是一个让每个人都感到被接纳的地方。我知道这可能不是你的本意，但我想指出，这样的言论会带来不好的影响。我们每个人都有偏见，也都有需要改进的地方，但指出来很重要，只有这样我们才能成为一个强大的团队。

每个人处理这种情况的方法都会不同。我通常会去试着分析对方的意图和言论的影响。通常，对方并非真的有意伤害他人，这也为我们进一步地沟通提供了可能。

为什么我建议在聊天室里公开指出问题，而不是私下和那个人谈谈呢？我确实有时会选择私下交谈，但在这种情况下，让团队中的每个人都明白这种行为是不被接受的至关重要。

我之前提到"我们每个人都有偏见"，因为这是不争的事实。尽管这个人表现出了不太妥当的行为，但我们希望创造一个环境，让人们能够意识到自己的无意识偏见，并将其转化为有意识的认知。我相信，越是把这种对偏见的理解过程融入日常工作，就越能创造出自我反思和不断成长的团队文化。

延伸阅读

"偏见"这个话题确实值得深入探讨，以下是一些值得阅读的参考书，它们对偏见及相关主题进行了深入的剖析。

- *Blind Spot: The Hidden Biases of Good People*（Delacorte Press, 2013），作者：Mahzarin R. Banaji 和 Anthony G. Greenwald。
- *How to Be an Inclusive Leader: Your Role in Creating Cultures of Belonging Where Everyone Can Thrive*（Berrett-Koehler Publishers, 2019），作者：Jennifer Brown。
- *Whistling Vivaldi: How Stereotypes Affect Us and What We Can Do*（W.W. Norton & Company, 2011），作者：Claude M. Steele。
- *The Inclusion Dividend: Why Investing in Diversity & Inclusion Pays Off*（Bibliomotion, 2013），作者：Mark Kaplan 和 Mason Donovan。
- *Subtle Acts of Exclusion: How to Understand, Identify, and Stop Microaggressions*（Berrett-Koehler Publishers, 2020），作者：Tiffany Jana 和 Michael Baran。
- *Diversity in the Workplace: Eye-Opening Interviews to Jumpstart Conversations about Identity, Privilege, and Bias*（Rockridge Press, 2020），作者：Bärí A. Williams。

我从一位仍在不断学习和成长的管理者的视角写就了这部分内容，同时，这也是我很久以前就想动笔撰写的内容。

6.4 员工目标

根据我的经验，如果管理者能尽早了解员工的终极目标，将大有裨益。他们如何看待自己五年后的发展？他们最喜欢从事什么样的工作？他们在什么样的环境中工作得最出色，在哪些环境中可能会遇到最大的挑战？当然，管理者并不总是能提供理想的工作环境，但了解这些信息对于规划员工的职业发展路径、分配工作任务以及理解如何促进团队合作，具有重要价值。

假设你有两名员工：一名希望未来能成为首席架构师，而另一名则明确表示他热衷于代码重构。这样的信息实际上为你提供了一个难得的洞察机会。当需要一个人来把控方向，而另一个人来负责重构遗留代码以应对新需求时，这会让你更清楚应该如何进行项目的人员配置。

再或者，假设你的团队中有一名工程师，他渴望有一天能晋升为主管，但你发现他很少主动帮助他人。与此同时，你又招到了一名实习生。这时，你就有了一个绝佳的机会：既可以培养这名工程师的指导技能，又可以提升实习生的工程技能！

第 7 章

职业发展阶梯

职业发展阶梯是一个体系，用于明确不同职级应达到的标准和要求。它的主要目的不仅是帮助员工规划晋升路线，更重要的是为员工清晰地界定各个职级的工作要求和期望。这个体系可以有不同的形式，但通常表现为一份内部文件，其中详细规定了员工在职业发展各阶段应达到的预期标准。

职业发展阶梯只是我们帮助员工规划和管理职业生涯的众多工具中的一个。**管理者只有将这一概念积极地应用到实际工作中，才能真正让员工对职业发展路径有明确的理解与认知。**接下来，我将介绍一种实施方案，帮助管理者将职业发展阶梯真正融入日常工作。需要注意的是，即便已经制定了职业发展阶梯相关的正式文件，如果操作不当，仍有可能导致员工误解。因此，这份文件只是员工职业发展管理流程的一环，理解这一点至关重要。

此外，信任也是关键要素。如果你在帮助某人成长的过程中，能够赢得其信任，并让他相信你会尊重其职业发展路径，你们之间就会形成一种合作关系。共同努力的长远目标，应是提升他们的综合素质和能力，助力他们在个人和公司层面共同成长。以这种方式开展的工作，能让员工感受到更高的价值，因为它有了更高层次的目标和意义。

我建立了一个微型网站，在上面发布了我收集的关于职业发展阶梯的所有资源，如图 7-1 所示。

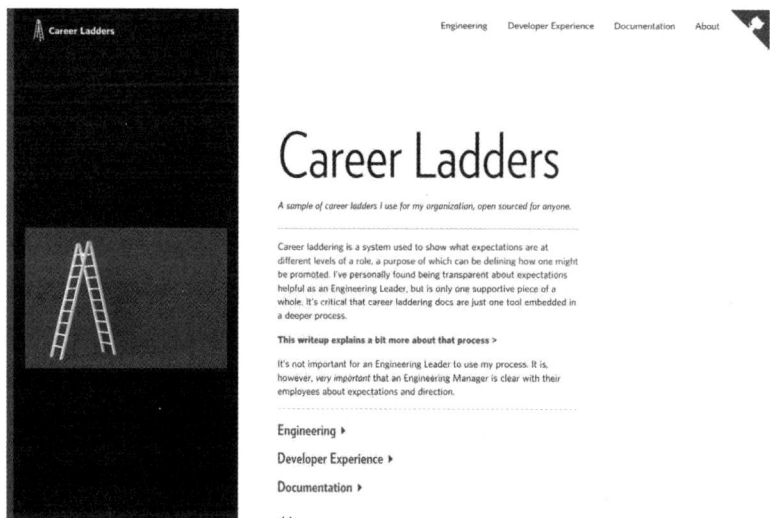

图 7-1: Career Ladders 网站的索引页面

这个网站清晰地描绘了工程师的不同级别，以及每个级别所应扮演的角色和承担的责任。在下面这个例子中，一个基本理念——从个人成长到支持团队成长——将整个内容串联起来。

- 想要晋升为**高级**工程师（senior engineer），你需要在个人层面做到最好。这意味着你不仅要出色地完成本职工作，还要展现出个人产出的巨大潜力。

- 想要晋升为**资深**工程师（staff engineer），你的重点应转向超越自我。你需要开始指导他人，分享你的知识，并对他们的职业发展给予支持。

- 想要晋升为**总监级**工程师（principal engineer），你需要创建能够超越你个人能力的体系。你不再只是指导其他员工像你一样工作，而是要根据他们每个人的具体情况来相应地给予指导和帮助。你的大部分工作与促进团队成员的进步与成功紧密相关。

这个职业发展体系的魅力在于，它鼓励优秀的员工去帮助和支持他人成长，并鼓励他们去改善和优化组织的机制与流程，从而惠及整个团队。总监级工程师不会把知识强加于别人，他们致力于将知识以一种真正有益的方式付诸实践。

你并不一定要照搬我给出的体系，但明确每个团队成员的角色和期望对于团队的发展来说至关重要。为什么呢？我们来深入探讨一下其中的原因。

7.1　职业发展阶梯的实施方案

我之前提到，仅仅依靠一份职业发展阶梯文件是不足以推动员工的职业成长的，同时我也强调了清晰地定义各个职级的工作要求的重要性。那么，现在让我们将这些要素融合在一起，深入探讨一下如何在实际工作中运用职业发展阶梯。

第一步：全局视角

我是那种"令人头疼型"的管理者，喜欢问员工："你希望自己五年后是什么样？"之所以令人头疼，是因为这个问题需要深入思考，但我依然会问。我并不是在寻求一个完美的答案，而是希望通过这个问题给员工一个思考未来的机会。通常，他们会告诉我一些我需要知道的事情。

这里有一些例子。

- "我对未来其实挺迷茫的，但我知道我不想五年后还在埋头开发系统。"
- "我不太确定，虽然还没尝试过，但我可能想成为一名管理者。"
- "我希望能够随时带着家人去露营，边旅行边工作。"
- "我憧憬在非洲工作的开发者们能拥有他们想要的所有机会。"

请注意，这些答案并不是接下来五年的正式规划。但它们能让你了解员工的价值观和期望，以及我们需要融入他们工作环境中的因素。我特别看重的是，和员工一起努力，帮他们实现素质的提升，这不仅能提升他们在公司内部的表现，还能在工作之外为他们加分，是对他们专业技能的有益拓展。素质的培养是一项长期工作，但因为有着更加远大的目标，朝着它共同努力会非常有成就感。

第二步：评估职业发展阶梯

> "目标不明确，可能会南辕北辙。"
>
> ——约吉·贝拉（Yogi Berra），
> 美国职业棒球大联盟（MLB）捕手、教练和经理

在这一步，我们将一起深入分析职业发展阶梯文件。我通常会请员工大声地读出他们当前职级对应的每项要求，然后**对自己在每项上的表现进行自我评估**。我会适时给出我的看法。大多数情况下，我们能够达成共识；员工往往能够对自己的进步给出公正和诚实的评价。我个人觉得，让员工读给我听而不是我念给他们听，这一点非常关键。这样做，能让他们有一种对自身职业发展阶梯的掌控感。

我们还会一起分析他们职业生涯的下一阶段以及相应的要求，并归纳出一些共通点。比如：

"你已经是一名资深工程师，而且在你的岗位上做得非常出色。但要晋升到更高的职位，你需要更加积极地帮助同事。我们来规划一下，如何能让你在接下来的几周里开展更多的绩效评估和结伴编程工作，同时确保你按时完成内部工具的开发工作，从而大大提高团队的工作效率。"

第三步：制订 30/60/90 计划

　　接下来，我们要制订职业阶梯的 30/60/90 计划。这个计划要求员工对他们希望在 30 天、60 天和 90 天内完成的工作进行详细的拆分和计划。

　　我在执行这一步时，会稍作变通：首先，**从 90 天的计划入手**。我会问员工："在接下来的 3 个月里，你希望自己能够取得哪些成果？"由于他们刚刚明了了职业发展的阶梯，所以已经对自己的工作重点有了一定的了解。在这个时候，我倾向于让员工主导讨论，告诉我他们认为自己应该做些什么，而不是由我来为他们指定方向。

　　有时候，这些目标是可以量化的，举例如下。

- **系统开发工程师可能会说**："我希望每周能够解决 5 个问题，并且至少提交 2 次分支合并请求。"
- **系统文档编写者可能会说**："我希望能够填补 2 个功能点上的内容空白。"
- **任何员工都可能会说**："我希望与至少 2 位同事进行合作。"

这些目标也可以通过具体指标来呈现，比如：

- "我希望能够助力团队将自主研发的 npm 包的采用率提升 10 个百分点。"

当然，有些目标可能不那么容易测算评估，比如：

- "作为团队的新成员，我希望能够更加深入地了解我们的组件库。"

- "我希望在参加会议时更少地打断他人的发言。"

这些目标都是合理的。

既然我们已经投入时间制订了 90 天的计划，那么接下来就需要明确 30 天内可以完成哪些具体任务。这主要取决于员工自身的判断和他们认为在这段时间内能够取得的成果。当然，如果我发现他们的计划过于冒进，或者忽略了公司的某些重要需求，也会及时提出我的看法和建议。

同时，我们必须明确，事情是会变化的，计划中的任何内容都不是一成不变的。如果遇到其他紧急的事情需要关注，我们也会灵活地进行调整，这并不是什么大问题。说实话，我个人觉得制订 60 天的计划并不是特别实用，因为一个月内往往会发生很多不可预测的变化。我通常会跳过这一步，但如果你觉得制订这样的计划对你有所帮助，那么完全可以按照你的方式来进行。

在职业阶梯计划的执行过程中，我还会和员工一起讨论他们应该避免做哪些事情。如果你发现他们正在做的事情对员工自己或公司都没有太大的价值，可以考虑取消这项任务，并向其他相关人员进行说明。有时候，员工自己可能无法主动提出这样的建议。

对于那些过度投入工作、消耗大量精力的员工来说，明确他们任务的价值可能非常有帮助。这有助于我们找出哪些任务让他们感到压力过大，以便他们更合理地安排优先级和集中注意力。很多人可能觉得工作过度的员工不需要太多指导，但我发现，他们实际上需要更加明确的任务指导，以便更好地定义工作范围，朝着正确的方向努力。

我还发现，职业阶梯计划让一些之前表现不佳的员工也有了明显的转变。有时候，一个人看似懒惰，实际上可能是因为其工作与任务目标不匹配。职业阶梯计划有助于他们更清晰地认识到自己正在做的事情是什么、应在何时做、为什么做、如何做，以及这些工作如何与整体目标相结合。

最后，有一点至关重要：如果你引导员工成功地完成了这个过程，那么你一定要给予他们应有的晋升。晋升不仅仅意味着职位和薪酬的变化，更是一种对员工努力的认可和奖励。如果你不兑现承诺，就会破坏与员工之间的信任和合作关系。因此，如果员工已经通过自己的努力赢得了晋升的机会，你一定要毫不犹豫地给予他们晋升。

7.2 迭代与反思

接下来要做的事情应该很明确了，那就是不断回顾和更新这份计划清单。我通常会在与员工的一对一文档中设置提醒，大约一个月后再次回顾 30/90 计划。当我们进行检查时，会逐一查看每项任务的进展情况，并在已完成的任务旁边打上钩。如果他们有某项工作做得特别好，我还会在旁边加上一个表示庆祝的表情符号。虽然这个举动让我看起来像是个总在表扬别人的"老好人"，但对员工取得的成就表示祝贺是非常重要的。这能让他们感受到你对其工作的认可，也能让他们看到自己已经取得了多大的进步。

在 90 天的计划完成之后，我们可以再划出一个新的时间段，引导员工制订接下来 30~60 天的计划。如果他们之前有没完成的任务，也可以将其延续到下一个时间段。每隔几个月，我们就会再次进行职业阶梯计划练习，但这次要特别标注出员工在每个领域所取得的进步。当然，这并不是提供工作方向和明确地定义岗位标准的唯一方法，你可以根据实际情况灵活调整。无论怎么做，**只要能帮助员工明确他们的任务和目标，以及他们在实现这些目标方面取得的进展，就是有意义的。**

关于职业发展阶梯，我认可的一点是，它能让员工清楚地知道自己目前处于什么位置，以及要达到下一个层级需要付出哪些努力。这样一来，员工对自己的 360 度评估（对员工各个维度的自评与他评）的结果也不会有太多意外。所有的进步都是显而易见的，因为一切都记录在案，这也在你和员工之间建立了一种合作关系。员工的职业发展阶梯是一个可衡量的完整路径，工作仅仅是其中一个组成部分。

当员工履行了自己的职责，完成了你要求他们做的工作时，是给予他们晋升的时候了！别忘了也要好好庆祝这一时刻！

调整计划

当在实际执行职业发展阶梯的过程中遇到了困难时，这套方案还提供了让管理者与员工合作解决的框架。如果当初在战术和战略层面都设定了明确的目标，那么当员工的发展不及预期时，你们可以一起重新审视这些目标。当你与他们逐项讨论期望和实际结果之间的差距时，最有效的方法是以员工的意见为主导来分析产生差距的原因。

当我与员工建立了信任，并且对方能够主动承担责任时，他们会坦诚地分享自己做得好的地方、需要改进的地方，以及面临的挑战。

如果双方计划的期望值与实际完成的工作之间存在较大的差距，管理者可能会将这种差距归因于员工的懒惰。然而，很多情况下懒惰只是表面现象，背后还有其他原因。如果某位员工的工作没有达到预期，请不要轻易给他下结论，而应与他一起深入分析原因。一旦给某人贴上"懒惰"的标签，就形成了一种性格偏见，这将阻碍你作为管理者真正地理解和帮助你的员工。你会觉得自己无须再去深入了解他们工作表现背后的原因，比如他们的动机是什么，是否有什么潜在的问题或目标不一致的情况影响了他们的表现，或者是否有外部的干扰在影响他们的工作。而弄清楚这些是管理者的职责。

相反，你应该保持好奇心。暂时放下具体的实施计划，来探讨更广泛的长期目标。关于反馈的第 11 章会对你开展这类谈话有所帮助。可以通过考虑以下几个方面来调整员工的职业发展阶梯。

- 他们的个人目标是什么？
- 公司的需求又是什么？

当前的工作是否能够同时满足上述两点？

- 我们可以做些什么来取得更大的进步？就此征求员工的意见。
- 重申预期的成果，并明确他们可以用自己认为最合适的方式来取得这些成果。同时，允许他们在必要时对战术计划进行调整。

上述方法通常很有效，但如果在一段时间内始终不起作用，你可能需要将员工纳入绩效改进计划。只要管理者已经明确了对员工的期望，并且在员工的工作过程中没有突然提出新的要求或标准，这样做就是合理的。

在支持员工的过程中，尽量不带个人情绪。但有时候即使你尽了全力，也可能找不到一条成功帮员工提升的路径。这可能是因为你们之间的合作还不够默契，也可能是因为他们受到了一些个人因素的影响，而你并不知情，或者公司的文化与他们的个人价值观不符。

只要做管理的时间足够长，大概率会遇到难以应付的员工，这其实很正常。尽管这种情况会让管理者感到孤立和无助，甚至有些焦虑不安，但不要觉得自己很失败。理解和帮助员工是为了他们自身的发展，而不是为了我们自己。他们可能已经找到了更合适的部门或其他公司，这种情况时常发生，我们要学会接受。

7.3　将团队视为一个生态系统

在管理过程中，我们可能会过于关注个体，努力让每个成员都能在个人能力上有所突破。然而，领导力的内核在于放眼整个团队。首先，管理者要为团队的工作制定更广泛的目标和策略，并将它们与团队紧密联系起来。其次，管理者需要灵活调整团队内部的文化氛围，以适应多样的员工背景和需求。如果个体行为对团队发展产生了负面影响，还需要设定明确的界限来阻止这种行为。在极端情况下，如果某人对团队的其他人产生了不良影响，并且对大家的反馈置之不理，管理者可能需要考虑让其离开团队。虽然这样做可能有些残酷，但在我做了几次类似的管理动作后，团队迅速回到了健康且高效的工作状态。

领导一个团队，需要在聚焦个体和关注整体之间找到平衡。这意味着我们既要关注个体的成长和发展，也要退后一步，将团队视为一个生态系统来整体考量。你可能已经注意到，我为团队设定了一个核心原则：职位越高，就越需要拓展自己的影响力来帮助他人。这样做，不仅是为了通过团队成员之间的协作提升整个团队的工作效率，更是为了有意地培养一种合作的文化。

如果职业发展中晋升的本质就是确保你周围的人都能得到支持，那么团队成员就会开始互相照应。他们不会再像孤胆英雄一样，单打独斗地应对挑战并期待获得奖励，而是会带领大家一起前进。

我已经看到这对团队行为产生的积极影响；创造一个包容性的环境不再只是团队管理的一项附加任务，而是成为团队核心发展理念的重要组成部分。

第 8 章

一对一会议的意义

一对一会议在管理中非常重要。它是人们之间一种私密的交流方式，既可以是直属领导 / 技术负责人与员工之间的沟通，也可以是跨级别、同级别或是组织内其他部门人员之间的交流。我担任过管理者、技术负责人、工程师等各种职务，体会过站在不同立场进行一对一沟通的感受。在每个角色上，我既有非常成功的经验，也犯过错误。

一对一会议的核心价值在于让交谈的双方更加明确彼此的意图，减少工作中的不确定性与误解，从而增强团队整体的归属感。

我一再观察到，许多新晋管理者认为这种会议可有可无，这是非常大的误区。这倒不是出于恶意，是他们认为这种会议会占用大量时间，而这些时间原本可以用来处理其他更重要的工作。然而，基于我在做基层员工时缺乏一对一沟通的感受，我想说的是："**一对一会议是管理职责中最重要的部分，这一点我坚信不疑。**"

8.1 管理者与员工的一对一会议

由于一对一会议至关重要，因此无论是管理者还是员工，都不应轻视这类会议。这种会议应有固定的节奏，每周或每两周安排一次，如果没有紧急情况不要轻易取消。如果必须取消，要即时告知对方原因，而不是直接删除这项安排。

或许有人认为远程工作意味着可以减少一对一的交流，但实际情况恰恰相反。由于每个人每天都在不同的空间工作，缺少近距离的沟通与了解，因此定期的一对一会议会非常有帮助。

一对一会议应在尽可能在没有外界干扰的环境中进行。 如果你们在一起，请关闭计算机并使用记事本，以免受到各种消息通知的打扰。如果进行远程一对一会议，请确保你在一个安静的地方（不要选择喧闹的咖啡馆），并且网络信号稳定。另外，请避免在开车时或外出办事时进行一对一会议。如果万不得已，请戴上耳机。这些都是为了减少外界干扰，以便每个人都能专注于会议本身。

说实话，我宁愿对方取消会议，或等他们方便的时候再举行，也不愿在充满干扰的环境中开一对一会议。如果会议期间一方还在处理其他事情，无异于向对方表示"我不重视你的时间"。**一对一会议的核心意义就是让对方感到自己有价值、被重视。**

如果你是在远程工作，那么不妨问问对方倾向于用哪种方式来进行一对一交流。有些人喜欢视频聊天，有些人则更喜欢电话沟通。了解对方喜欢的方式，有助于彼此更好地沟通。

8.2 指导与引领

一对一沟通在为员工提供有益的引导方面起着重要作用。有好几次，我与员工交谈时，他们都表示感到力不从心，要么是因为工作过多，要么是因为任务过重。他们不确定该如何推进，焦虑到几乎无法行动。

前面曾提到，一对一会议为管理者提供了绝佳的机会，可以减少员工对工作的不确定性并为他们提供明确的指导。以下是实现这一目标的几种方法。

- **确定优先级**：如果工作已经堆积如山，不妨花时间一起识别出最重要的部分。对于那些不太重要的工作，可以建议员工暂时屏蔽掉，以便更专注地完成关键任务。
- **制定行动项**：如果任务过于庞大，需要帮助员工合理地拆分。这样他们能明确地知道该从哪里入手，以及如何逐步推进。
- **明确目标**：当员工不清楚手头工作的意义时，往往会不知所措。作为管理者，如果你能够清晰地向员工传达当前工作的必要性和重要性，那么员工就能更好地与项目目标保持一致，从而在工作中实现更大的价值和回报。

例如，员工有时候会纠结是该将时间投入到任务 A 还是任务 B 上，从而导致工作进度放缓。作为管理者，你可能也不清楚为什么进度会放缓，可能是员工遇到了难题，也可能是他们已经非常疲惫。偶尔在工作中遇到困难是正常的，但人们通常都不愿意在他人面前表露，要么是觉得尴尬，要么是有其他顾虑。而一对一交流提供了一个理想、安全、私密的机会，允许你与员工共同探讨这些困难，从而避免问题变得更加严重。

8.3 连接

归属感是马斯洛需求层次理论中的核心原则，因为人类天生就渴望建立联系和亲密关系。工程师和从事其他职业的人一样，也需要同理心和人际交往。

作为管理者，我确实需要努力与员工在个人层面建立连接。在与人交流方面，我有点儿笨拙，也比较内向。但通过很多一对一的交流，我发现，我要么感受到被倾听，要么就是在倾听他人。换句话说，我感受到了与对方的连接，这种连接可能源于共同的目标、彼此的相似之处，甚至可能源于相同的抱怨。

我的一个朋友曾说："员工离职往往是因为他们想'离开管理者'，而不是'离开工作'。"这句话说得太对了！为了与员工建立长久的、更好的关系，并提高员工的留存率，管理者需要花些时间与员工建立连接，增进对彼此的了解。

员工和管理者都应该全身心地投入到一对一会议中。这需要双方通过积极的肢体语言来展现自己的专注，同时要注意彼此倾听，轮流发言，不要打断对方。

一对一会议：主要为员工而设，而非管理者

不要被标题误导了。一对一会议是为双方准备的，这一点毋庸置疑。**但管理者总是随时可以与员工直接交谈，而员工却不能随时向管理者表达自己的想法。**除了管理者与员工之间，团队成员之间也会进行一对一交流。这意味着管理者有责任为员工创造一个空间，让员工能够清楚、无拘无束地表达顾虑或担忧，尤其是那些可能影响他们工作表现的问题。

理想情况下，管理者应该多倾听少发言，但适当的双向对话也是有益的。如果一对一会议中主要是管理者在发言，那么效率就会很低。这不是团队会议，要尽可能多地留给员工发言的时间，让他们有机会表达。在谷歌，有一个 Chrome 扩展程序，通过它关联会议，就能显示每个人在会议中的发言时间百分比。我觉得这个功能很赞。在与员工的一对一会议中，我设定的目标是把自己的发言时间控制在一定比例内，以确保我不会主导对话，而是真正把时间留给员工。

管理者需要注意的是，要避免被动倾听。例如，你要知道何时该让员工发泄情绪，何时需要你采取行动去解决问题，或者两者兼而有之。对于何时需要采取哪一种方式没有固定的规则，有时我也会判断错误。这就是为什么眼神交流和主动倾听很重要，它会帮助你从对方那里收集到各种信息，从而确定在这种情况下你需要做什么。

向员工明确地表达倾听的态度是非常有帮助的。我会告诉大家："我是一个喜欢解决问题的人，总是想要帮你们解决问题。如果你想发泄情绪，对我来说绝对没问题。但你得让我明白你的需求，否则我会忍不住去解决问题，这可能就让你感到不舒服了。"

管理者要了解自己的默认处事状态，并鼓励员工勇敢地提出他们的需求。当一对一会议的关注点放在员工而不是管理者身上时，员工会感到被倾听和被激励，这不仅能促进他们的职业发展，还能推动管理者做出更明智的决策，让大家协同工作以实现个人和团队的目标。

无论是宏大的话题，比如职业目标，还是常规话题，比如代码审查，尽量不要在公开场合探讨。一对一会议是开展这些对话的最佳选择。

8.4 是的，议程是必要的

由于大家互相都很熟悉，一对一会议往往显得不那么正式。但如果有议程的话，会议会更加成功，而且议程也不需要非常正式。事实上，有时保持议程的开放性，反而能让讨论更加开放。议程可以简单到只是写在一张纸上的几个要点，或者是在私人聊天窗口添加的事项。但无论议程如何，**最重要的是双方都要做好准备来讨论。**

如果管理者和员工都有议程，我倾向于优先考虑员工的议程，或者事先对比双方的清单，以确定事项的优先级。这是因为管理者可能需要讨论一些紧迫而敏感的问题，比如团队重组，这可能会影响员工的议程。

我通常会与合作的人创建一个共享的私人文档，我们可以在其中添加事项，并存储会议期间的笔记。不过，无论文档的结构如何，沟通都是关键。理想的情况是，你们双方步调一致，所有议程事项都重叠。

员工的议程

近几周的工作可能很艰巨，给员工带来了极大的压力和挫败感。这时，员工花时间列出一对一会议的议程就显得尤为重要。它可以避免会议变成员工的吐槽大会，而更多地让管理者关注可操作的、能解决的事项。虽然发泄情绪也合情合理，但管理者可能不知道如何在情感层面上帮助员工。因此，在议程上列出具体的问题和待解决事项，可以为管理者提供可行性更高的反馈，让他们更好地帮助员工。

管理者的议程

管理工作是艰巨的，因为管理者经常要并行处理多件事情。其中有很多信息是需要保密的，因此一对一议程对管理者就显得尤为重要。它能为管理者提供谈话所需的上下文，避免开启不恰当的话题，让会议有序进行。如果一个 30 分钟的会议已经进行了一半，你还有四件事情没讨论，那么一个简洁的议程就非常必要了，它会提醒你避免长篇大论地讲述你早期的职业生涯或探讨不相关的内容，而是专注于和员工当下的谈话。

8.5 休会，小结一下……

我们在工作中要时刻保持清醒。因此，保持健康的工作关系，尤其是管理者与员工之间的关系，就显得尤为重要。你需要有意识地、有目标地进行短期和长期的跟进，确保这种关系的健康发展。

一对一的谈话看似会占用很多时间，但从长远来看，它们实际上能节省大家的宝贵时间。作为管理者，请珍视你的团队。拥有一支充满归属感、目标一致且彼此紧密联系的团队，是你能收获的最好回报。

第二部分

合　作

第 9 章

沟通的艺术

沟通是管理者工作中最重要的部分。在这一章，我们将深入探讨一些非常具体的沟通方式。但在深入探讨之前，先来了解一下管理者进行沟通的重要性和技巧。

9.1　引导而非主导

你管理的范围越广、团队越大，就越要把注意力放在结果上。这可能会让你感到有些不自在。特别是如果你本身是一名出色的工程师，你可能会很想直接上手解决问题，因为你知道该怎么做。你可能会觉得，与其花时间向团队阐述你的目标和意图，再让他们自己去思考解决办法，还不如直接让他们按照你的方式来，这样更省时。但你必须克制住这种冲动，放慢脚步，教会团队如何自己解决问题。虽然这不容易做到，但随着时间的推移，这种努力和投入一定会带来回报。这说起来容易做起来难，我自己也不止一次犯过错误。

作为管理者，你现在的职责是确保大家都清楚要达成的目标，而不应纠结于具体如何完成任务。如何完成任务，由团队来决定。当团队成员遇到困难时，你可以提建议。你还可以和团队成员一起商定一个合理的交付日期。同时，你应该与团队成员讨论项目的需求，积极了解相关背景信息，从而更好地为团队提出建议。

但这真的很难！作为一名工程师，我有强烈的个人观点。尽管我努力克制，但我依然对研发有非常明确的偏好。写这本书的同时，我还在谷歌管理着多个前端架构团队，比如 Angular 团队，还有其他一些网络基础设施团队。我之前还是 Vue 团队的核心成员。更早之前，我在 React 社区也很活跃，还曾在 React Rally 等活动中发表过演讲。在从事相关的工程架构工作时，我真的很想用我的观点来引导团队，因为我确实有很多想法。

但是，我必须抑制自己的冲动，我得向这些既聪明又能干的团队**提问**，因为他们对自己的领域和框架了如指掌。当我们讨论技术迭代的方向时，我会问："关于这个 API，用户的反馈是它可能还需要再优化一下，那么就它目前的定义，有没有更好的方案呢？"或者"这个框架的编写格式，能否支持它未来十年的持续发展呢？"

这类问题的答案由团队来决定。

最重要的是，**管理者必须明确方向**。有时候，即使信息不足，我们也要给出明确的指导。这就要求我们在沟通之前做好充分的准备，确保我们知道要传达什么。我们必须竭尽全力思考问题，考虑可能的解决方案，以及每个方案的利弊。所有的软件开发决策都需要权衡利弊，这也是为什么随着经验的积累，人们越来越常说"视情况而定"。

之前有一段时间，我安排团队去做某件事，但没有一个人执行。你可能会问，对于一个高效、协作能力很强的团队，怎么可能集体"掀桌子""罢工"呢？其实，问题出在我没有表达清楚。如果一整组人都不理解或不采取行动，那很可能是因为管理者没有做到明确方向，阻碍了工作的进展。

明确"为什么"至关重要

在我刚刚描述的情境中，问题的一个关键方面在于，我没有让团队成员明确这项任务的目的，也就是为什么要做这件事。如果你不知道做某件事的真正原因，那么很容易就会忽略它，或者给它比较低的优先级。

因此，作为管理者，你需要反复强调任务的重要性，并确保团队与你在这一点上达成共识，这样你才更有可能获得更好的结果。

9.2 重复

重复，往往让人感到厌烦。无论是反复说同一件事，还是反复听同一件事，都可能让人感到不悦。然而，在一个庞大的团队中，事情繁多，很容易有所遗漏。这时，"重复"就成了确保信息传达和执行效果所不可或缺的艺术。**关键在于，我们要用不同的方式传达同样的信息，以达到最佳效果。**

如今，我们拥有多种沟通方式：聊天、电子邮件、视频会议、短信、文档评论等。由于每个人在不同媒介上的沟通能力各有千秋，因此利用多种平台进行沟通，就成了一种既高效又不会让人感到冗余的"重复"策略。

在阅读本书的过程中，你可能已经注意到，我就一些知识点在本书中的不同地方进行了重复阐述。这其实是我有意为之的，旨在帮助你更好地理解和吸收书中的内容。

9.3 写作与演讲

管理层级越高，你需要传达理念的目标群体就越大，这不仅包括团队成员，还包括利益相关方，乃至同级同事。为了凝聚众人之力，共同迈向既定目标，书面与口头表达能力都非常重要。

写作时，你是内容的主导者。这不仅是文字的表达，更是思维的磨砺。它迫使你在将脑海中的信息转化为文字的过程中，深入思考问题。

而阅读则是另外一种完全不同的体验。读者需要从自己正在做的任何事情中抽离，转而专注于解读文本内容。他们需要花时间去理解作者的意图，在这个过程中，还会把文本的格式和风格当作线索加以利用。读者并不"掌控"这些内容，而是在调整自己的思维立场，试图去契合作者的观点，而且在这个过程中，常常会快速浏览文本。

我们常常会误以为，只要写下或说出某些话，就是有效地传达了信息。在理想情况下，这或许没错。但在实际工作中，往往并非如此。为了提升沟通效果，我们可以采取一系列实用策略。

从读者和听众的角度出发

提升写作和演讲质量的首要秘诀，是设身处地地从读者和听众的角度出发。先动手写下想写的文字，再以读者和听众的眼光去审视这些文字。这听起来简单，在实践中却常常被忽视。

在审视时，不妨多想想：

- 如果缺少上下文，读者和听众会怎么理解这段话？
- 读者和听众迫切想知道的是什么？
- 读者和听众可能会提出哪些疑问，我们又该如何简明扼要地回答？

此外，还要考虑读者和听众是否需要了解事件的参与者、事情的发展脉络或是背后的原因。

之后，再细致地进行编辑，调整文稿结构，去掉那些冗余的信息，重写那些可能造成困扰的部分，确保内容既精练又易于理解。

格式的重要性：让信息一目了然

读者和听众的时间非常宝贵，他们希望快速捕捉关键信息，从而高效推进工作。因此，清晰、有条理地呈现内容就显得尤为重要。在准备文档或幻灯片时，务必花心思去设计结构，确保标题和提纲能准确概括最重要的观点。这样一来，读者和听众即使需要快速定位到某个部分，也能轻松找到所需信息，省时又高效。切忌在一张幻灯片或一页文档中塞满密密麻麻的信息，这只会让听众感到困惑和疲惫。相反，应该精简内容，去除冗余信息，让听众一眼就能捕捉到重点。

此外，在准备材料时，不妨加上作者姓名和最后编辑日期。这样一来，即使你不在场，任何翻阅到这些材料的人也能快速了解作者是谁，以及材料当前的更新状态。

谨言慎行

无论你承认与否，一旦踏上了管理岗位，你的每一句话、每一个举动都至关重要。往日里那些你觉得或许无害的牢骚和抱怨，现在却可能在团队内部引发难以愈合的裂痕。正视问题当然是关键，但那些看似微不足道的失言也需要重视，因为它们也可能严重打击团队的士气。

因此，开口之前请三思。别轻易将自己塑造成团队唯一的引路人。当团队取得成就时，不要吝啬你的赞美，要给予大家应有的认可。庆祝成功时，要保持头脑清醒；面对问题时，既要策略性地应对，又要避免归咎于人。

记住，管理之道千变万化，没有固定的模式。花点儿时间，想想你希望成为怎样的管理者，然后付诸实践。明确你在团队中倡导的核心价值观，并身体力行，做出表率。

当然，人非圣贤，孰能无过。你我也会犯错，这很正常。重要的是从错误中汲取教训，避免重蹈覆辙。同时，也要学会宽容自己，给自己一点儿喘息的空间。

透明度

人们常说"我们重视透明度"，这听起来没什么问题。但这句话背后的含义远比表面含义要复杂得多。他们可能想说，不希望看到有人隐瞒信息。透明度是一个多层次、非常微妙的概念，值得我们深入探讨。

透明度是与团队建立紧密联系的关键。如果你无法给团队提供完整且真实的信息，那么信任就会逐渐流失。反过来，如果你能直截了当、真心实意地与团队进行沟通，这种真诚的态度就会成为你们携手并进、共创辉煌成果的坚实基础。

在沟通中，我们首先要自问：为了让对方全面理解情况，他们需要多么详细的信息？多分享而非吝啬言辞，有助于构建信任的桥梁。我们应尽量采用直白易懂的语言，摒弃那些空洞的企业套话，让信息真实呈现。记住，你的团队成员都是智慧之士，他们有能力与你一同分析、消化信息，特别是当你提供了丰富的背景资料，并综合了多方视角，而非仅局限于个人见解时。

每位成员对透明度的期待各不相同。作为管理者，你要主动询问他们的需求，有时他们的回答会超乎你的想象。

值得注意的是，并非所有看似透明的行为都有益无害。例如，八卦、操控以及无谓的抱怨，这些都可能成为团队分裂的导火索。这些隐患看似显而易见，但在实际中却往往难以察觉，尤其是在承受巨大压力的情况下，我也曾不慎踏入雷区。那么，在追求真诚交流的过程中，我们应如何把握透明度的分寸呢？

我采取的办法是：设想一下，如果我的话被团队或他人听到，我是否会感到尴尬？我是否已直接、有效地给予相关方反馈？诚然，诚实是美德，但绝不应以贬低、伤害他人为代价。因此，我的建议是：在保持诚实的同时，务必确保不对他人造成不必要的负面影响。

9.4 小结

作为技术管理者，我们的工作重心逐渐从编写代码转向更多地表达和阐述宏大的战略或一系列的想法。在这个过程中，明确表达成了我们职责中的关键一环，而能够提供明确的指导则表明我们充分尊重团队的时间和精力。

与其费心思考如何独自推动事情的进展，不如转变思路，思考如何让团队理解我们选择特定方向的原因，以及我们所期望达成的具体结果是什么。

第 10 章

变革管理

> "能生存下来的物种既不是最强的也不是最聪明的，而是适应能力最好的。"
>
> ——查尔斯·达尔文（Charles Darwin）

作为管理者，我们面临的一大挑战是如何引领团队顺利度过变革期。如果管理不当，变革可能会让员工感到工作基石不稳，前路扑朔迷离。如果管理得当，变革就能成为推动转型的强大动力。

向好变革：不仅可能，而且必需。 优秀的管理者不能坐视一切照旧，而必须积极寻求变革之道。在多年的从业生涯中，无论身处大公司还是小企业，我从未见过一成不变的团队。事实上，尽管变革之路充满挑战，但我发现，未能及时变革所带来的损害，往往远超过在变革过程中因尝试和犯错而造成的损失。在"技术"这个日新月异的行业中，停滞不前往往意味着错失良机，甚至损失惨重。

管理者的使命不是维持组织现状，而是推动组织不断前行：无论是文化、流程、系统还是产品，都需要持续改进。正如工程领导者马克·赫德伦（Marc Hedlund）在 X（原 Twitter）上所言：

"让一切变得更好，是你的职责所在。"

10.1 关键因素：文化

任何变革若想得以深植，都必须得到组织文化的支持。当变革遭遇失败时，我们往往会看到一系列不良后果：团队未能朝着既定方向前进，产品打造半途而废，组织变革因遭到强烈抵制而一无所成。

然而，这些只是表象，背后真正的问题在于人。人们没有达成一致意见，缺乏必要的支持，也没有全身心地投入到变革之中。因此，**为了实现真正的变革，组织文化必须发生转变，以适应并推动变革的进行**。这就是为什么我们常说文化比战略更加重要。

个人经历

我曾在一个习惯于说"不"的团队中工作。这个团队要服务大量的客户，要维护众多的基础设施，而项目范围总是面临着不断扩大的风险，因此说"不"也是可以理解的。在某种程度上，这也成了他们确保团队健康、向着合理目标迈进的手段之一。

但问题在于，我们必须得发展。技术不会停滞不前，为了创造出值得长期迭代的优秀产品，我们必须时刻考虑如何变革。

说实话，在参加的每场会议上，我几乎都能听到"这是不可能的"这句话。这让我很不舒服。首先，没有什么是不可能的。每件事都有风险和取舍，有些事情值得我们去努力争取，有些则不值得。

而一旦说出"这是不可能的",等于直接否定了对当前情况进行评估的意义,更别提对"是否值得"进行深入讨论了。当然,团队里还是有些人会持积极态度,希望看到我们有所发展,但由于团队中弥漫着这种悲观的气氛,任何发展的机会都会被这种氛围卷走。

我做的第一件事就是思考:在学习过程中到底需要具备哪些价值观?最终,我得出了两个关键词:"好奇心"和"谦逊"。我开始慢慢留意那些拥有这些品质的人,并尽可能地与他们深入交流,去理解他们的想法和做法。我和他们兴奋地谈论着对未来的憧憬。我们聚在一起,共同工作,寻找并推广那些能够展现我们"好奇心"和"谦逊"的项目。我们都在大力宣扬变革的重要性,让更多的人意识到它对个人和组织发展的价值。

无论是大型的演讲、小型的团队会议,还是一对一的深入交谈,我们在各种场合都在传达变革的理念。我们也在技术项目管理部门、产品管理部门以及战略合作伙伴和客户中寻找志同道合的朋友,共同推动这个理念的传播和实践。

这当中我认为最重要的一点是,**推动变革的过程充满了挑战,需要我们持续不断地付出努力**。有时候,我真是信心全无,想要放弃,让团队继续按照老样子运作。但是,团队中总会有一些成员及时地提醒我工作的真正意义,我非常感激他们的支持和鼓励。

随着时间的推移,越来越多的人开始为变革发声。这种发声起初声浪很小,几乎察觉不到,但后来逐渐增强,有效瓦解了反对者的核心群体。人们开始围绕变革带来的新颖概念构思未来的蓝图。最终我关于设立研发部门的提议得到了广泛的赞同。这一提议似乎只是我们整体战略的自然延伸,而不是自上而下的强制性重组。

我们对产品、目标和关键成果(OKR)进行了调整,甚至对组织结构也进行了优化。但最重要的是,**我们成功地实现了文化的转变**。

10.2　建设性意见

要真正实现变革，就得让大家明白变革的必要性。变革是为了解决问题，那么，问题的本质是什么呢？就像我之前提到的例子，团队之所以支持我的提议，并不是因为他们觉得"我们需要一个研发部门"或者"我们必须改变现有流程"，而是因为他们有"产品需要不断迭代优化"这一共同愿景。

要倾听并理解团队的想法。在传达这一共同愿景的过程中，我们深入探讨了可能面临的风险，从多个角度审视了问题，并仔细权衡了各种可能的结果。你也应该这样做。仅仅告诉团队该做什么，却不听取他们的想法和意见，这是不可取的。记住，你雇用的都是聪明人，他们在一线工作，对实际情况有着深刻的理解。你应该相信他们会真诚地向你反馈，告诉你一些你可能想不到的重要信息。当然，最终还是需要你来做出决策，确定前进的方向。但如果你已经像解决技术问题一样，对整个问题进行了深入的分析和理解，那么你的决策就会更加明确和具有可行性。

要明确地阐述变革的原因。团队成员可能持有不同的信念和观点，所以要覆盖变革原因的各个方面，只有这样才能引发更广泛人群的共鸣。同时，也要谈及各项权衡，让大家知道你已经充分考虑了他们的想法和意见。此外，保持透明也是非常重要的（参见第 9章）。在阐述变革原因的过程中，很容易就会不自觉地贬低旧的做法。我也曾经犯过这样的错误。千万不要这么做，因为这样会让团队觉得你不重视他们之前的成果，也不理解他们当时已经尽力了。我们应该着眼于未来，诚实地面对正在解决的问题，同时也不要轻易否定过去的工作和成就。

另外，有一点我很少听到人们提及：当我们谈论耗时耗力的大规模变革时，你可能会在某个时刻感到信心不足。毕竟，你的团队之前做得很好，而现在你却要引入种种变革。这样做真的对吗？但如果你有一个强烈的愿景，你就是变革的推动者，是点燃团队激情的火花。希望在这个时候，团队已经接受并认同了这个愿景，因为它已经超越了你个人，成为团队共同的追求。一个真正伟大的愿景具有自我腾飞的力量，它超越了你的自我，也超越了你的恐惧。

要支持员工去发展他们取得成功所需的技能。 比如我之前提到的例子，为了迭代我们的产品，我给那些在特定技能方面需要帮助的员工设置了配对机制。无论你与哪个团队合作，他们都已经在当前的组织中形成了一套成功的技能体系。但如果你希望他们不断进步，就需要为他们制订成长计划，并为他们提供发展空间，让他们能够掌握新技能，从而取得更大的成功。

要勇于承担责任。 你的新概念和愿景可能会遭遇质疑和挑战。在创新的过程中，难免会遇到失败。当这种情况发生时，你不能将责任推给团队或流程。你必须掌控局面，并承担作为管理者的责任。失去团队信任最快的方式就是只安排他们去执行任务，而在遇到困难时却不给予支持和帮助。如果团队没有成功，管理者需要反思并承担责任。**你要始终站在团队身后，给予他们坚定的支持。**

10.3　注意事项

在变革管理的实践中，我反复遇到了一些相似的问题。现在，让我们一同探讨一下如何解决这些问题，避免重蹈覆辙。

管理者的行动既要避免过于迟缓，又要避免过于鲁莽。 我知道，这听起来可能自相矛盾。但实际上，不同类型的变革管理确实需要不同的推进速度。以涉及汇报结构的组织架构变革为例，如果能在前期做好充分的规划，并在随后迅速实施变革，往往效果最佳。试想一下，如果你被告知将有一位新领导上任，但几个月后这位新领导仍未到位，那么无论团队是否已做好准备，这种情况都会让人感到困惑和不安。

然而，如果一些组织在变革时遇到了困难，而你一夜之间就改变了他们所有的工作流程，这可能会让人难以接受。当然，流程变革也不应该被无限期地拖延。在处理这类变革时，你可能需要广泛听取各方观点，并谨慎地逐步引入变革，以免完全打乱人们的工作节奏和他们对当前工作体系的理解。

着眼长远，避免短视。如前所述，关注变革的愿景是至关重要的。然而，我们很容易陷入一个误区：只谈论最终结果和解决方案，却忽略了我们正试图解决的问题。换句话说，我见过一些人在大谈特谈愿景，而其他人则坐在那里一头雾水，不知道自己是否会在新的管理架构下被重组。因此，你需要清晰地阐述愿景和策略，尊重你的听众，并设身处地地想一想大家究竟需要了解哪些信息。

避免给人决策不公的感觉。这种情况通常发生在你没有完成"倾听并理解团队的想法"这一步骤，或者在传达新愿景时没有充分考虑风险的时候。如果决策过程缺乏透明度，人们可能会觉得你在隐瞒什么，或者觉得决策中存在着某种不公。因此，你需要尽可能保持开放和诚实，同时也要坚定自己的立场。如果有人对决策存疑，你可以主动提出与他们进行一对一的沟通。同时，**也要重视私下的沟通渠道**，如果某个话题在私下里讨论激烈，那就意味着相关信息没有传达到位。

10.4　小结

变革虽充满挑战，却必不可少。引领变革可能困难重重，但只要你坚持宏大的愿景和目标，并赋能团队，你就一定能够成功。

在工程技术领域，我们只要做出改变，便能立即看到由此带来的效果。比如对旧代码进行重构之后编译成功，我们会欢呼："太好了，编译成功了！"然而，在技术管理领域，变革的周期可能更长，涉及的因素更多，风险也更大。但与此同时，管理变革有更大的概率产生更大规模的影响。作为管理者，你的职责就是帮助每个人变得更好，无论是打造更出色的产品，还是建立更优秀的组织。

相信你一定能够成功！

第 11 章

提供反馈

你召集大家开了一次团队会议，提议对一个已经进行了数月的项目进行方向调整。这是一次大变动，但考虑到项目的持续时间和当前的技术发展，这样的调整是必要的。你感到紧张，甚至有些害怕。你知道，这意味着团队将面临更大的工作量，他们需要与利益相关方重新进行协调。这也意味着，所有人都必须重新审视你们的基本假设，这无疑是一项艰巨的任务。但是，为了团队和项目的长期健康发展，这是管理者必须承担的责任。于是，你打开了会议链接，对着摄像头开始讲话。你注视着屏幕上的每一张面孔，大家目光关切、努力理解、认真思索。

这就是反馈。反馈可以是两个人之间的重要讨论，还可以是对文档的点评，甚至是在你传递信息时，对方脸上那几乎难以察觉的微妙表情。

本章将为你提供一个更具针对性的反馈框架。我曾亲眼见证，恰当的反馈能让一个原本表现不佳、心情低落的员工焕发新生，变成一位表现出色、情绪高涨的团队成员。但我也目睹过，不当的反馈如何悄然破坏原本和谐的人际关系。或许你也曾有类似的体会。相较于积极的反馈，我们往往更关注批评性的反馈，因为它更为棘手，一旦处理不当，后果可能更为严重。因此，我们需要对此进行更深入的探讨和思考。

反馈之所以困难，部分原因在于它并非是客观的。它涉及我们自己和他人的主观判断，因而可能复杂且充满不确定性。为了做好反馈，我们需要解答许多令人纠结的问题。比如，你怎么知道自己是否在真正地帮助他人？你怎么确定自己是否存在盲点，是否忽略了某些重要信息？

遗憾的是，反馈并不容易，这就是为什么本书专门用两章来探讨。实际上，关于反馈的图书和研究数不胜数，我会引用相关内容，并结合自己的经验来阐述。但即便如此，关于反馈这个主题，仍有很多值得我们深入探索和学习的内容。我觉得自己在这个领域也在不断地学习和成长。

11.1　为什么反馈如此重要

许多人都渴望在工作中找到目标和意义。毕竟，工作占据了我们大部分时间。虽然在一定程度上，我们可以驾驭自己的职业航船，但在某些时候，我们无法持续清晰地认知自己的工作表现，这就需要他人的反馈来帮助我们改进和提升。

作为管理者，为了让团队更加高效地工作，我们需要明确团队应该关注的重点，这样大家就能把精力集中在最有价值的地方。当然，理想情况下，我们从一开始就清楚各项工作的优先级，但有时，我们也需要通过一个持续的反馈过程来逐渐引导团队，确保他们始终行驶在正确的航道上。

此外，我们还应该积极地提供和获取周围人的反馈，以保持团队之间紧密合作、目标一致。在现代职场中，没有人是在孤立地工作。为了让我们的工作环境更加愉快、高效、彼此尊重，我们都要学会适应和调整彼此的沟通风格，共同创造一个和谐的工作氛围。

面对反馈时，我们的自尊心往往会产生一种天然的抵触。我们既渴望学习和成长，又希望被接受和认可。为了磨砺自己的专注力并挑战自己，让自己变得更好，我们需要获取反馈。然而，要真正地倾听并接受这些反馈，我们必须抑制内心自我保护机制的影响，否则情况可能会变得棘手。

我的建议是，尽可能地将所有的反馈交流视为一种**伙伴关系**。你并不是站在完美的上帝视角提出建议，而是两个人一起努力来实现共同的目标。反馈正是让这种伙伴关系变得健康、富有成效的要素之一。你可以这样跟对方说："嘿，你牙齿上有东西。"这是一种体现信任的提醒，你知道对方需要知道这个情况，但他自己却看不到。在反馈过程中，不要传达出评判对方的态度。

11.2 挑战

给他人提供负面反馈是一件棘手的事情，因为这本质上是在试图对抗一个人自然的神经反应。耐克全球人才与发展实践总监、工业与组织心理学博士埃琳娜·沙克尔福德（Elena Shackelford）曾写道[①]：

> "大脑的基本组织原则是'最小化危险，最大化奖励'，这一功能旨在保护我们免受任何被视为威胁的事物的伤害。当感受到威胁时，我们会变得封闭起来，而当我们以无效的方式接收反馈时也会这样……

---

① 参见 "This Is Your Brain on Feedback: How Understanding a Little Brain Science Can Make a Big Difference in Your Next Feedback Conversation" 这篇文章。

"**杏仁体**是我们大脑的关键部分，它通过感官接收信息，并将这些信息转化为情绪。当大脑感知到威胁时，杏仁体会被'劫持'，以避免这种威胁，从而**导致分析思维、创造性洞察力和解决问题的能力受到影响**。以错误的方式提供反馈，可能会使接收者产生上述反应，无法正确地内化或回应你的反馈。"

要给出真正能帮助个人或团队成长的良好反馈，关键在于确保他们**不会感觉受到威胁**，并让他们感受到这种反馈是出于关心。

我之前是否也犯过这样的错误呢？当然犯过，而且那几乎让我崩溃。如果你也犯过类似的错误，你一定要努力避免再犯。

然而，人终究不是机器。付出并不一定换来与之对等的回报。这是因为我们要同时面对各种干扰因素——家庭、情感、激素变化、外部环境，以及我们过去的种种经历——而在获取反馈时，所有这些因素都可能产生影响。

面对这些挑战和风险，你可能会在提供和获取反馈时感到有些胆怯。这很正常，因为反馈需要我们谨慎思考、用心去做。

11.3 团队动力

我发现，团队具备良好的信任关系，能降低彼此提供和获取反馈的难度。我们在前面的章节中已经讨论过如何建立信任。在日常工作中，你还可以尝试以下方法来培养一种学习文化，增进彼此的信任。

- 询问你的团队成员他们喜欢以什么方式来获取反馈，并认真倾听他们的回答。他们越了解自己的心态，批判性思维和沟通能力就会越好。
- 当团队展现出积极的成长时，要在公开场合提出表扬。只有这样做，当你表示希望他们学习和进步时，团队成员才知道你是真心的。

- 永远不要以一种贬低他人的方式来谈论其成长。同时，也不要容忍团队成员之间任何形式的欺凌。这样的行为会阻碍成长、破坏信任。

请记住，正如我的教练杰西所说，人们的行为往往是出于爱或恐惧。作为管理者，我们更希望团队的决策是出于爱，而非恐惧。这并非只是出于理想化的考虑，如前所述，基于恐惧的决策往往不是最合理的。我确实见过因恐惧而做出的决策导致了非常糟糕的商业结果。

11.4　反馈流程

一个典型的提供反馈的流程可能如下所示。

1. 提前了解你的团队成员喜欢如何获取反馈。
2. 确保你的反馈是必要的。
3. 审视自己的动机和可能存在的偏见，确保反馈公正客观。
4. 尽快给出具体的反馈，并以他们最易接受的方式表达，以提高反馈效果。
5. 保持对话的开放性，鼓励他们提问，共同探讨问题。
6. 讨论对未来的期望以及如何才能做得更好，为他们提供改进的方向。如果反馈涉及人力资源违规，务必明确告知下一步行动和后续跟进措施。

每次提供反馈的情况都略有不同，因此你可能需要根据实际情况灵活调整。同时，始终要意识到你是在与人打交道，而不是机器，因此并不总是存在唯一正确的解决方案，要尊重和理解团队成员的个性和差异。

11.5　预备工作

当我们思考自己和团队行为背后的动机时，回顾之前的价值观练习会很有帮助。反馈的触发因素和我们对反馈的反应，往往与我们的价值观紧密相关，或者与价值观存在着某种内在联系。

我开始和团队一起做一项练习，就是询问大家更喜欢如何获取反馈，因为一个人提供反馈的方式，可能并不是他所喜欢的获取反馈的方式。这种练习不仅激发了新的想法，还鼓励每个人去思考自己更喜欢如何获取反馈。将这种脆弱性和自我反思常态化，可以促进彼此之间的伙伴关系，而不是让大家觉得在执行自上而下的命令。

我们可以尝试一种练习，将个人的价值观与他们喜欢获取反馈的方式联系起来。（记得管理者要以身作则，除非团队中有人想先尝试。）这种做法可能听起来像这样：

> "因为我的价值观是 X，所以我需要以 Y 方式获取反馈。"

以下是一个例子：

> "我发现，我需要温和一些的反馈，最好能和我其他的优秀表现一起反馈。这是因为我的一个核心价值观就是尊重，而我在其他工作中经历过一些因缺乏尊重而造成的不愉快。"

另一个例子如下：

> "我更喜欢直接明了的反馈方式。这是因为我的一个核心价值观是诚实。在我小时候，我的父母就是用直接的方式来表达对我的爱。所以，即使给我的是负面反馈，你也不需要有任何保留。"

这两个例子都没有"错"。每个人都有所不同。如果团队愿意将价值观与反馈偏好联系起来，你可以放手让他们去做。对于有些人来说，这可能过于私密。但我鼓励至少让每个人都参与到反馈的陈述中来。

事实上，我的建议也有不完善之处。反馈是很难的。团队一起坦诚地面对并共同进步是个艰难但非常值得的过程，因为团队真正的成长就在于此。话说回来，没有两个人是完全相同的，也没有两个团队是完全相同的，所以你需要根据当前的情况做出最佳的判断。

11.6 心态

在提供反馈之前，我们不妨先关注一下自己和对方的心态，这是相当重要的一步。在 *Thanks for the Feedback* 一书中，道格拉斯·斯通（Douglas Stone）和希拉·希恩（Sheila Heen）深入探讨了提供反馈时需要考虑的几个关键因素。

- **你的基准线**：这可以理解为你的日常情绪状态。有些人天生乐观，而另一些人则容易感到焦虑不安。
- **你的情绪波动**：这指的是你收到反馈时，情绪偏离日常状态的程度。有些人对正面或负面反馈的反应会比其他人更为强烈。
- **你的情绪恢复**：这代表你情绪波动持续的时间长度。有些人能迅速从挫折中恢复，而有些人则能长时间保持积极的情绪状态。

我们应尽量选择在对方心情较好的时候提供及时反馈。当然，这并不是说要等到所有条件都完美无缺，而是要在事件发生后的一两天内、在你和对方都处于较为专注的状态时，及时提供反馈。这样，你们就可以迅速投入工作，并展开一场有益的讨论。

11.7　自我审视

我们已经讨论了提供反馈之前需要做的一些前期准备，但其实还有一件至关重要的事情不能忽视，那就是进行自我审视。

具体来说，我们要问自己：**这个反馈真的有必要给出吗？** 或者，像我朋友萨拉·拉奇（Sarah Ratchye）常说的那样："提供这个反馈能带来什么积极的结果呢？"

更进一步，要思考：你提供反馈的初衷是帮助这个团队的成员成长吗？你期望通过提供反馈，让他们达到一个怎样的最佳状态呢？如果你的回答是"希望他们能与同事更好地沟通"，那么很明显，你的出发点是对他们的关心和帮助。

然而，如果你的答案是"因为我不喜欢 X"，那么在和对方交谈之前，你可能需要更加深入地审视自己，探究其中的原因。为什么 X 会让你感到不安呢？这究竟是你的问题，还是他们的问题？如果确实是你的问题，那么你是否应该尝试自己去解决，而不是通过反馈来转嫁这种不安感呢？毕竟，反馈是一种工具，如果我们没有深思熟虑，它可能会被错误地当成武器，变成我们用来掩饰自身的不安全感和为认知盲点辩护的手段。

说到盲点，还有个问题，就是在提供反馈时，偏见也可能悄然发挥作用。我们的种族、性别以及外在身份的其他诸多方面，都可能导致我们在提供反馈时出现不一致的情况。我们往往更偏爱那些与我们相似的人[1]，这是人之常情。但是，如果管理者这么做，则会对团队氛围产生负面影响。管理者需要克服自己的偏见，做到公正无私。

那么，如何进行自我审视呢？我们可以先思考几个问题来引导

---

[1]　参见 "Why Do We Like People Who Are Similar to Us？" 这篇文章。

自己。比如，如果这个人与你有相似的背景经历，你会提供同样的反馈吗？或者，你会以同样的方式提供反馈吗？（请务必对自己诚实，不要无视内心的真实想法。）再比如，如果这个人是你的内群体成员，你的反馈会一样吗？你会以同样的方式表达吗？

进行这样的自我审视，对我们来说并没有任何损失。有时，我们可能会发现自己确实存在不一致的情况，因为我们都有偏见[1]，这是人性的一部分。事实上，那些认为自己没有偏见的人，往往更容易让偏见根深蒂固，因为他们没有进行自我评估，没有意识到自己的盲点。

所以，我们需要深思熟虑并做出调整。在团队中平等地对待每一个人，不要因为他们的种族、性别或其他外在因素而有所偏颇，要做到一视同仁。

11.8 提供反馈的方法

提供反馈并没有一成不变的规则，但以下是一些值得参考的指导原则。

- **重拾心态**：在提供反馈之前，先思考一下，这个人现在的心态是否适合获取反馈？你自己的心态又是否适合进行这场对话？如果感觉时机不对，但你仍然需要提供反馈，那么你应该如何调整语气和氛围，让对话更加顺畅呢？
- **及时反馈**：除了做好所有的前期准备，你最好在事件发生后尽快给出反馈。想象一下，在半年后的绩效评估中才得知自己当初可以有所不同且做得更好，那是多么令人沮丧和尴尬啊。

---

[1] 参见 "Constructed Criteria Redefining Merit to Justify" 这篇文章。

- **选择适合对方的方式**：你是否记得按照他们喜欢的方式提供反馈？如果他们希望得到温和的反馈，那么你在指出需要改进的地方时，也别忘了提及他们做得好的地方。
- **保持对话开放**：在提供反馈时，要保持对话的开放性。允许他们在接收信息时提问，这样他们才能更好地理解你的反馈，并投入到对话中。同时，这种对话方式也有助于平息我们大脑中的逃避或防御反应。
- **结合自身经历，给出具体的反馈**：在提供反馈时，要避免使用攻击性的语言，比如"你就是 X"。相反，你可以尝试说："当这件事发生时，我感到 X。"这样，你不仅表达了自己的感受，还通过一个具体的例子，让对方更加明确地知道自己的行为对你产生了什么影响，而不是攻击他们。
- **如果能明确指出具体有哪些地方可以改进以及为什么要改进，反馈会更有帮助**。在给出反馈时，不仅要指出问题，还要阐述这份反馈对于未来发展的重要意义。这并不是对反馈者要求苛刻，但如果你自己都不清楚为什么要给出这样的反馈，那么这份反馈可能就失去了它的必要性和价值。
- **将反馈与价值观和目标联系起来**。例如，如果对方的价值观是果断和创新，却因为在一个项目上耗时太久而导致用户失去了兴趣，那么你给出的反馈其实就是在帮助他们更好地践行自己的价值观和目标。

我认为，在给出反馈时，你可以向对方承认你很难给出批评性的反馈。你的诚意，也为他创造了一个同样坦诚且能够接受自己不完美的空间。这打下了一个良好的基础，让双方在充满善意和相互体谅的氛围中沟通交流。

下一步行动

在给出反馈之后，别忘了为未来提供指导。否则，对方可能会觉得自己只能独自面对问题，无所适从。如果你担心自己的建议过于武断，那么不妨先问一句："我可以给你一些建议吗？"这样既能表达你的关心，又能避免给对方造成压力。

例如，你可以这样说：

> "你今天的演讲真的非常出色，但是开场白稍微有点儿长了。我们知道，尊重听众是非常重要的。对于一群与你共事的听众来说，二十多张自传式的幻灯片可能会让他们觉得时间有点儿长，这些时间本可以用来更深入地讲述内容本身，因为他们已经对你很了解了。所以，下次如果是内部演讲，或许只需要一两张幻灯片作为开场，这样既能吸引听众的注意力，又能确保内容的精练。你真的很擅长演讲，我希望这些小建议能帮助你让更多的人清晰地接收到你的信息。"

上面这样的表达方式，比简单地说：

> "你讲话太以自我为中心了！"

要更有建设性。

注意，提供细节不仅仅是为了说明事实，更重要的是要阐述"为什么"：为什么这条信息对他们有帮助？同时，细节也有助于你避免进行人身攻击，或者触动他们的情绪，进而妨碍他们进行逻辑思考。

金·斯科特（Kim Scott）在她的著作 *Radical Candor* 中提到："关心个人并不意味着要将问题个人化。"比如上面第二种过于宽泛的反馈，就会让人感觉你是在对他们的个性进行评判，而不是在指出可以改进的具体事项。

理想情况下，我们给出的反馈应该是对个人真正有帮助的：它应该是必要的、经过深思熟虑的，并且能够帮助对方在工作中取得进步。我常常思考这样的反馈是否对他们有用：**这能让他们职业生涯中一直受益吗？这能帮助他们提升自我吗？**即使他们换了工作，这份反馈也能继续帮助他们吗？如果这些问题的答案都是肯定的，那么这份反馈就是真正对他们个人有帮助的。

好，我们继续探讨下一个话题……

11.9 公开赞美，私下反馈

我们已经深入探讨了信任和脆弱性的话题，以及反馈对这两者的影响。想必你听过这样一句话："公开赞美，私下反馈。"我至今仍然坚信这句话的价值，但实际上，它的内涵比你想象的要更为复杂。所以，让我们花点儿时间，更深入地探讨一下。

这句话的核心观点在于：当你想要庆祝某人的成就时，不妨大声地赞美他，让他在众人面前感受到自己的价值。然而，严厉的反馈如果在公开场合给出，可能会让人感到尴尬和不适。那么，为什么这个观点会如此复杂呢？

首先，你需要意识到，在评估如何、何时以及是否应该给出反馈时，我们需要考虑众多的因素。而当涉及更多的人时，这个问题会变得更加复杂和微妙。

其次，如果人们感到被评判或批评，他们的情绪很容易受到影响，进而进入一种防御或逃避的状态。这在提供反馈时尤其需要注意。想象一下，与一对一地私下沟通相比，在公开场合给出严厉的反馈，不仅可能让获取反馈的人感到难堪和沮丧，还可能在整个团队中造成一种不安全、不信任的氛围。而我们都知道，在团队环境中感到安全、被信任是多么地重要，因为它能让人们更加快乐、更加有动力去工作。

11.10　公司范围的反馈流程

有些公司会在年中进行一次评估，这是个挺好的做法。但请记住，不要等到此时才给出反馈。如果有什么事情发生，要趁大家还没忘记时及时处理。评估流程最好能够反映并捕捉团队成员已知的主要议题。

如果你的团队有一个特定的集中反馈时期，那么一定要提前规划好工作间歇和自我关怀的时间，这样每个人都会有足够的精力来应对接下来的反馈活动。作为管理者，你也要以身作则，展现出对反馈的重视。毕竟，在睡眠不足或精力不济的情况下，试图进行一场深入而真挚的对话，可不是什么好主意。

那么，如果一个团队中有多个人都需要反馈，又该怎么办呢？

是不是整个项目的一组人都偏离了轨道？大家问题的共同点是什么呢？

往往，这个共同点就是你自己。

我曾多次遇到过这样的情况，整个团队的人似乎都误解了方向，我不禁会想："他们怎么会都这样？！"但实际上，这并不是团队的问题，而是作为管理者的我没有把方向说清楚。

在这种情况下，你不要急于给出反馈，而是要先征求团队的意见。通常，你的团队会为你提供一些有价值的背景信息，解释事情为什么会出错，以及你作为管理者本可以做得更好的地方。当你愿意倾听他们的看法时，往往会引发一场更深入的讨论，探讨下次如何能够做得更好。我还发现，在这种开放和包容的氛围中，人们更愿意主动承认自己的错误，因为他们知道这样做是安全的。

尽管反馈对于一个健康、不断成长的团队而言至关重要，但我们必须深思熟虑地实施反馈机制，以确保它能为团队和个人带来实实在在的益处。毕竟，最有效的成长方式之一莫过于内化他人能看清而自己却难以察觉的事物。此外，我们还可以学会与自己的自我意识建立一种健康的关系——一种既坚韧又能让我们放下自我的关系。

11.11　升级反馈

我们接下来聊聊那些真的很难处理的事情。它们很棘手，但又非常重要，我们不得不面对。

在团队管理中，有时你会遇到不得不给出严厉反馈的情况。比如，当团队中有人违反了人力资源规定时，你就需要明确地表达你的期望和立场。这时，提前与你的人事团队进行沟通，共同讨论这个问题，并了解如何妥善处理就显得尤为重要，因为有时候，一个人的行为可能对一个人或多人造成伤害，这背后可能隐藏着你不了解的法律问题。

再者，如果团队中很多人都反映同一个人有问题，那么反馈就不再是"要不要给的问题"了，而必须是"可执行"的。作为管理者，你要确保为整个团队创造一个良好的工作环境。这包括以实际可行的方式与当事人进行沟通，让他们了解自己的行为对团队造成了怎样的影响。

当然，在处理这些情况时，你也需要保持对当事人的关心和尊重。你需要让他们清楚地知道，在工作中哪些行为是不被接受的，以及未来对他们的具体期望是什么。这样做不仅是对团队负责，也是对当事人负责。

提出问题

在沟通时，尽可能具体地表达你的观点会很有帮助，因为这样做，你可以拆解发生的事情，探究为什么会产生负面影响。以下是在向团队成员提供严厉反馈时的一些问题示例。

> "你当时想表达的是什么？"
> "你觉得听到这句话的人会怎么想？"
> "这是你期望达到的效果吗？"
> "下次怎么做会更好？"

注意，在提问时，你既要允许他们从自己的角度讲述事件，也要引导他们思考其他人可能会有的想法和感受，这些可能是他们没有考虑到的。如果他们没有得出正确的结论，你需要给予指导，帮助他们认识到问题所在。

其他管理层谈论起他们工作中的困扰和挑战时，往往会提及这一部分内容。其实，在大多数情况下，大家并不是有意要伤害他人。管理者在处理这部分工作时，也往往并不会感到轻松或快乐。

然而，如果团队成员的问题持续存在，即使已经在工作坊中进行了深入的讨论并给出了具体的反馈，你仍然需要与他们一起制订一份详细的成长计划。这份计划应该明确地指出他们改进的方向和期望达到的目标。接下来，你还需要与人事团队紧密合作，共同制订一份绩效改进计划（PIP）。如果问题依然无法得到解决，那么最终可能需要考虑让他们离开团队。作为管理者，你负责的是一个由人组成的系统，因此，你需要认真对待整个团队健康和良好的工作氛围。我知道，处理这些问题可能会让人感到痛苦和困扰，但这是你作为管理者的责任和使命。

反馈有很多需要注意的细节，同时也有很多潜在的好处。到目前为止，我们一直在探讨如何有效地提供反馈，还没有详细讨论如何获取反馈。我们会在后面一起探讨这个话题。

记录事实

如果你发现某次对话偏离了正轨，我建议你在沟通之后，稍微花点儿时间记录下你认为刚刚发生的事情。

我通常会用一个部分来专门记录发生的**客观事实**。此外，我会用另一个部分来记录**主观感受**：哪些地方我处理得不够妥善，以及哪些地方有可能做得更好。将事实与感受分开记录是很有帮助的，因为我们的大脑有时会试图通过夸大或扭曲事件来保护我们，这让我们很难看清事情的真相。虽然这样做可能有些困难，但只关注事实，确实有助于我们更客观、更理性地看待问题。

第 12 章

获取反馈

作为管理者，你也可以主动寻求反馈，让自己不断成长、改进，提升自己的领导能力，增强自己对团队的助力。寻求反馈的另一个好处是，能培养一种重视成长和学习的团队文化，并且成长和学习会成为工作中不可或缺的一部分。更重要的是，它能让大家摆脱对反馈的恐惧，转而形成我们之前所提到的那种充满关爱的氛围。

获取反馈可能并不容易，但它无疑是成长的最佳途径，同时也是展现你所需要培养的那种坦诚态度的最佳方式，只有这样才能在你的团队中实现坦诚的沟通。鉴于获取反馈非常重要，你必须谨慎选择时机，确保自己在心理上已经做好准备。这一章将介绍一些寻求和处理反馈的实用工具。值得一提的是，获取反馈与你作为管理者如何妥善地照顾自己，以及增强自身的韧性有着紧密的联系，我们将在第四部分进行更深入的探讨。

你越能倾听自己在哪些方面有成长空间，并妥善处理，就越能轻松地再次应对反馈。刚开始你可能会感到有些不适，就像你第一次尝试写 for 循环时一样。但随着时间的推移，这会变得越来越自然，你甚至可能会开始将其视为一个宝贵的机会，以及他人给予你的一种善意。

12.1　寻求反馈，成为卓越管理者

寻求反馈是提升领导力的有效途径，其方式多种多样。以下是一些你可以尝试的方式。

- **发放匿名反馈表。**这种方式可以让团队成员在无须担心"报复"的情况下坦诚地表达意见，毕竟上下级之间的权力不对等是不争的事实。

- **在团队会议中针对特定项目或事件寻求反馈。**这样做的好处在于，它使反馈更加具体、有针对性，同时减少了尴尬的人身攻击。当然，如果你选择这种方式，就要做好会有一段时间冷场的心理准备，因为大家需要时间来思考和整理他们的想法（我自己总是希望立即得到回应）。

- **进行一对一的反馈交流。**你可以在不同的场合进行，但最好提前告知对方你的意图，以免让他们措手不及。要知道，你们之间的权力不对等可能使对方难以在现场立即判断哪些内容适合反馈。

与提供反馈相比，当你获取反馈时，对情况的控制力会相对减弱。然而，作为管理者，你的职责就是尽量保持开放的心态，勇于接受反馈和批评，同时保持冷静和理智。通过进行舒缓的深呼吸，以及端正坐姿，你可以有效地抑制逃避或防御反应。在接收反馈时，这一点至关重要，因为瞬间的冲动行为可能会带来不利的影响。

这可能看起来很难，而事实也确实如此。但随着时间的推移和不断地实践，它会变得越来越自然。我一直强调管理者要身先士卒，

因为我深信，重要的事情必须反复强调。在信任和展现脆弱性方面，你必须以身作则，成为团队的榜样。人们会从你身上寻找线索，了解哪些行为是可接受的，哪些是值得赞扬的。所以，请务必主动向大家展示这类行为。

12.2　防御心态

周一早上，你刚度过一个艰难的周末。孩子不肯睡觉、不肯穿衣服、不肯吃饭，你忙得团团转。你连洗澡的机会都没有，在办公桌下还穿着睡衣。你还做了个噩梦，虽然具体内容记不清了，但糟糕的感觉挥之不去。

你与直接下属的本周第一次一对一交流也并不顺利。他们显得有些沮丧，并不认同你为今年设定的大目标。这其中的原因，既有他们做出了一些错误假设，也有你未能及时提供他们所需的背景信息。他们团队本来对这个方向充满热情，但现在你需要判断，这种不一致是仅限于你们两人之间，而且这位下属没有与自己的团队沟通（一个问题），还是整个团队都不敢对你说实话（另一个问题）。

上午 9:35，他们直言不讳地对你说："你根本不知道我们在这个层面的处境，而且这些高层目标完全不切实际。"

他们说得有道理吗？或许吧，很可能就是这样。但让你感到有些不公平的是，他们选择直接冲你来，而不是试着寻找共同点并合作。然而，无论是否公平，你都必须尽力保持冷静，和他们一起深入分析这种情况。发火只会让事情变得更糟。你需要抛开自我，保持好奇心，深入探究问题的本质。同时，你也必须承认他们的感受和反馈是有一定道理的。

看起来好像很难？确实很难。

当有人对你说出可能带有负面评价的话时，产生防御心态是很自然的反应。然而，无论是从个人成长的角度，还是从管理者提升的角度，你都必须能够直面好与坏。

取决于具体情况，这可能非常具有挑战性。我自己也不断练习这个能力。我特别想提到劳伦·塞尔（Lauren Sell），她当时在Netlify担任市场部副总裁，是一位非常专业的职场人士，也是我非常尊敬的人。每当有人给她提供严厉的反馈时，她的第一反应总是："这个观点很棒。"然后，她会深入探讨为什么会这样，同时讨论各种权衡、挑战以及对未来的建议。她的态度真是令人钦佩。

那么，让我们来深入剖析一下引发防御心态的各种因素，这样我们就不会再盲目地做出反应，而是能够掌握一些有效的应对工具。

盲点

当我们感到有防御性时，这往往是一个很好的信号，表明我们可能存在某些盲点。当某件事情让你感觉特别有威胁性时，不妨试着将其视为一个提醒，告诉你可能需要进行一些内心的探索和反思。

这个时候，你可以尝试提出更多明确的问题，给自己一点儿时间来深入思考这些反馈，以及为什么会产生这种防御心态。对方是不是在指责你做了你并未做过的事情？他们为什么会有这样的感觉？他们是不是在指出他们认为对团队不利的某个行为？你知道自己为什么会这么做吗？有时候，我们做的事情确实是有充分理由的，但做事的方式却可能会引发他人的误解或不满。

通过提问，你不仅能够更深入地了解他们想要传达的信息，还能让自己以更科学、更理性的方式来处理问题，从而避免逃避或对抗。同时，这也给了你一个缓冲的机会，让你在不必立即确定下一步行动的情况下，先仔细消化这些信息。

最后，回到价值观上。思考一下，你是不是没有充分考虑到或尊重对方的某些价值观？在这个事情上，你自己又有哪些相关的价值观？有时候，别人给你反馈是因为你不经意间跨越了他们的界线或违背了他们的价值观。如果你能摆脱防御心态，对这些价值观进行深入的思考，就能更好地控制自己的情绪，进入更加理性的状态。

韧性

我的教练杰西曾经对我说："自我意识这东西常常被误解。确实，失控的自我意识是个噩梦，但自我意识对于认清自己的位置、了解自己的角色以及把握自己的需求来说，却是至关重要的。"这话确实在理。

我曾经的团队中有个成员，他在之前的工作中，韧性这一项的评估得分相当高。正因为这个特质，他是我最喜欢合作的人之一。事实上，当我离开那个团队时，我毫不犹豫地选择他来接替我，继续带领那个团队。韧性意味着，即使面对他人的反馈，他也不会有挫败感。他会认真对待每一条反馈，认真记笔记，并反馈给提供意见的人，以此表明他已经深刻领会了反馈内容。这也使得他成为一个极佳的结对编程伙伴，因为每当出现问题时，他总能从容应对，从不逃避责任。

韧性赋予你与他人保持适当距离并勇于承担责任的能力。想象一下，如果你意识到自己需要改进对某种情况的反应方式，你的整个职业生涯会因此崩溃吗？显然不会。如果你在众人面前承认了一个错误，世界就会因此毁灭吗？当然也不会。

健康的自我意识还能帮助你清晰地划分自己的责任和他人的责任。在反馈中，有些信息对你来说至关重要，需要你深入理解和消化。但有些时候，他人的反馈可能只是受到了他们当前生活状况的影响。比如，他们是否正在承受一些压力，导致情绪失控，对你大喊大叫？这时，你的自我意识就能发挥作用，帮助你分辨："好吧，他们可能只是没处理好自己的情绪，那是他们的事，不是我的问题。"同时，你也会意识到："我需要做的是调整 X 方面。"

这还有助于你解决盲点和转移话题的问题，我们接下来会详细讨论。掌控好自我意识，你就能更好地审视自己，而不会过度保护自己。同时，它也能帮助你放下那些不属于你的负担。对于一个优秀的管理者来说，具备一定的韧性是至关重要的。

避免转移话题

在道格拉斯·斯通和希拉·希恩合著的 *Thanks for the Feedback* 一书中，他们特别提醒我们要警惕一种情况，那就是转移话题。这种情况通常发生在有人给你反馈（可能是批评性的），而你却用另一件事情来回应他们时。

比如下面的对话：

"你做了 X。那真是太没效率了。"

"哦，是吗？那你还做了 Y 呢！"

这就是一个典型的转移话题的例子，而这种做法对于解决问题毫无帮助。即使你说的是对的，对方确实也做了 Y，但这两件事本质上是两个独立的议题，不应该混为一谈。

别人犯了错误或有需要反馈的地方，并不意味着你就可以忽视自己的反馈需求。

如果你发现自己正在这么做或想这么做，那最好立刻道歉，并努力回到原来的话题上。你的其他反馈和观点，可以在适当的时间和场合再提出，但绝对不是现在。

12.3 如果反馈效果不佳

反馈这件事，确实有点儿棘手。在反馈的过程中，一个人的自我价值感和存在感都可能受到挑战。不幸的是，即使你竭尽全力想让一切顺利进行，但人毕竟不是简单的输入／输出函数，总会有失误或忽略细节的时候。此外，就像我之前提到的，你是有血有肉的人，没有任何反馈是完全客观的。意外情况总会发生。

或者，你可能是获取反馈的一方，而你并没有做好应对。管理者会经历很多艰难的对话，有时候你处理得游刃有余，但有时候并不尽如人意。

那么，如果反馈效果不佳，我们该怎么办呢？

首先，把一切都写下来。尽量明确、客观地写下发生了什么，而不是写下你对发生的事情的主观感受。为什么呢？因为我们要做一件之前提到过的重要事情：记录事实。

你可能会因为各种原因而从不同的角度思考问题，你可能有好的动机（"我只是想帮忙！"），或者不那么好的动机（"他们已经这样太久了。"）。无论是什么原因，你都需要尽量弄清楚实际发生了什么。这样做可以帮助我们再次审视提出反馈时自己的偏见、动机和目标。

至于是否要将这些问题升级并与人力资源部门沟通，通常情况下可能并不需要，但也要根据具体情况来判断。这通常是我们自己的一种自我反思和练习，以防陷入防御性的思维定式。不过，在情况严重到需要升级时，向人力资源部门寻求帮助也是一种明智的选择。

12.4　人身攻击

如果有人不是给你真正的反馈，而是攻击你的个人品格，你会怎么做呢？（我们之前讨论过这个问题。）我们将上述情况称为"人身攻击"。如果遇到这种情况，尽量退后一步，冷静应对。你可以这样说：

> "我认为我们的目标是一致的，但针对我个人的评价，我很难理解并接受。你能不能就 X 事项提供更多的信息呢？"

然而，面对人身攻击时，**想要保持冷静确实非常困难**。你完全可以表明，你并不需要关于你个人品格的反馈。清晰地表达出你愿意听取哪些反馈，以及不愿意听取哪些反馈。同时，**你也有权选择结束这场对话**。

根据我多年的经验，人身攻击往往是偏见滋生的温床。我屡次目睹女性和有色人种因为他们的个人身份而受到攻击，而他们的某些同事却能得到友好且具有可操作性的反馈。这种现象是不合理的，无论是为了自己还是代表他人，你都有理由向人力资源部门求助。另外，当这种情况反复发生且严重时，你也有权设立边界、调整团队配置，甚至寻求其他的就业选择。

如果你是招聘负责人，这一点尤其需要考虑：你可能会发现，与其他员工相比，少数族裔跳槽的现象更为常见。对此，我的建议是，要考虑到这些跳槽者可能是因为遭受了更多的偏见，或者遇到了更多需要通过离职来为自己维权的情况。

总的来说，我们要把员工的健康和安全放在首位。只有当人们不觉得自己受到人身攻击时，他们才能发挥出最好的工作状态。因此，我们要尽力营造一个良好的工作环境来杜绝人身攻击，同时也避免它发生在自己身上。记住，并非所有的反馈都是有价值的。

第 13 章

高效会议

无论喜欢与否，会议在沟通和营造良好的工作环境方面都起着至关重要的作用。因此，作为管理者，我们必须尽力让每一次会议都尽可能地富有成效。在这一章中，我们将探讨如何确保会议有序进行，并做好详细的记录。同时，我们也会讨论如何识别和避免不合理的会议模式。

在撰写这一章时，我有些犹豫，因为我并非每次都能主持好会议。我主持过数千次会议，既有成功的经验，也有失败的教训。如果你已从事管理工作一段时间，也会发现自己经历过各种会议：议程和目的各异的会议，尴尬程度不同的会议，以及没有明确结论的会议。在这一章中，我们将深入探讨不同类型的会议，并为每一种情况提供一些实用的建议。

其实，会议几乎不可能做到完美。这是因为会议的本质是一群人聚在一起，而这群人必然品位、意见、对不同事物的重视程度和价值观都不同。在这种情况下，大家很难对什么是完美（哪怕是优秀）的会议达成共识。因此，会议有一半的时间要用在协调分歧上。

13.1 好的会议与糟糕的会议

有一点是可以确定的：对于什么是糟糕的会议，大家的看法往往是一致的。那么，就让我们先以此为基础来探讨。糟糕的会议往往具有以下特征。

- 没有明确的目的或方向。
- 会议进程混乱无序。
- 参会人员不匹配。
- 会上人们普遍互不尊重。
- 每个人都觉得开会是在浪费时间。

从糟糕会议的特征出发，我们可以推导出好的会议应该是什么样的。

- 会议的目的必须明确。
- 会议应该有清晰的议程安排（我们稍后会深入探讨）。
- 参会的人员和人数都要合适。这样，**既不会因为人太多而导致沟通过于复杂，也不会因为人太少而缺少推动事情前进的关键人物**。
- 会议应该有一定的秩序。人们不会随意进出，不会互相打断，也不会表现得粗鲁无礼。
- 会议结束时要有明确的决策、结果和下一步的行动。

13.2 会议的目的与方向

上面列出的第一点和最后一点其实是紧密相连的：要想让会议开得顺利，核心与会者之间就必须保持良好的组织性。大家聚在一起，是为了一个共同的目标，而会议结束时，大家应该对这个目标有更清晰的认识，并明确了接下来的行动步骤。

所以，你会发现，会议的开头和结尾在某种程度上是相呼应的。为了让每个人都能获取到必要的信息，理想情况下，会议内容应该涵盖以下几点：

- 我们共同的目标是什么？
- 为了实现这个目标，我们将采取哪些行动？
- 各项任务分别由谁负责？具体怎么执行？
- 整个过程的时间线是怎样的？

举个例子，在会议开始时，你的表述可能如下：

> "我们今天聚在一起，是为了讨论如何支持下一个版本的框架 X。我会向大家展示一些新数据，这些数据将为我们指明方向；哈桑和吉娜会分享落地过程中的一些细节；安吉拉，我们希望能与你的团队沟通协调，共同规划新版本面向公众的发布流程，因为这也会影响你的团队。"

而在会议结束时，你的总结可能如下：

> "好的，经过讨论，我们决定朝着 Y 方向前进。安吉拉，你的团队执行 Z 任务没有问题吧？我们商定的发布时间线跨越五个星期。接下来，我们需要探索 A、B 和 C 三个方面的影响，并计划在一周后再次开会，分享我们的进展并制定具体的落地方案。"

当然，这只是一个例子，你并不需要完全按照这种模式来操作。但重要的是，在会议开始和结束时，你要确保所有关键信息都被提及，让每个人都对会议的目的和接下来的行动有清晰的认识。如果会议结束时还没有做出最终决定，那么你需要明确接下来的步骤，比如由谁来做出决定，如何通知大家，或者是否需要将讨论延续到下一次会议中。

13.3 会议议程

除了敲定会议安排，议程还有不少其他用处。不过，说来也怪，议程有时也可能成为阻碍会议顺利进行的原因，所以我们也来探讨一下这种情况。

先提个醒：我见过一些团队因为为议程制定了过于严格的规则，反而引发了一些奇怪的现象。其实，议程和会议本身都是为了促进协作。但如果大家过于看重流程，而忽略了协作的初衷，那就得不偿失了。我所见过的最佳团队，都将会议和议程视为促进有效协作的工具，每个人都觉得有责任让这些工具发挥最大的效用。

那么，一个理想的会议议程应该是什么样呢？首先，它应该清晰地阐述会议的目的。我个人喜欢在议程中列出一些关键点，方便大家展开讨论。同时，我还会在文档中留出足够的空间，方便大家在会议期间做笔记。

我发现有些人在会议开始前，就在议程上写下自己的想法。我个人并不推荐这种做法。当然，提前为会议做准备，记些笔记并无不妥。但如果会议的议程已经被提前写满了各种材料，可能会削弱大家在会议中协作和讨论的积极性，从而失去了会议的意义。议程的目的是提供一份供大家提前阅读、异步交流的共享文档，而会议的一个目的是一群人深入地讨论和交流。

再次强调：会议的真正目的是一群人深入地讨论和交流。

13.4 并非所有会议都一样

会议有不同的类型。针对不同类型的会议，应该使用什么样的议程呢？下面我们来一一探讨。

跨职能会议

在这种会议上，一个正式、准备充分的议程非常重要，以便参会方都能对会议的目的和讨论的内容有充分的了解。如果你需要分享的信息量很大，我建议你先整理出一份一页纸的摘要，并提前分享给大家，这样就不必把所有细节都塞进议程里。如果大家都太忙，没时间提前阅读，可以在会议开始时，先给大家五分钟时间快速浏览一下这份摘要，确保所有人都保持信息同步。大家通常都很认可这种做法。当然，具体效果可能因人而异。

周会或每日站会

对于非正式的周会或每日站会，我通常会让大家随意在议程上添加他们想要讨论的内容，并在前面加上自己的名字和一个类别标签，标识出每条内容的性质和目的。比如，A 表示公告，RD 表示需要快速决策的事项，D 表示需要深入讨论的话题，而 Q 则代表有人提出了问题。举个例子，议程上可能会有一条这样的内容：

> "[萨拉，RD] 我们是否应该腾出四个小时来处理之前搁置的问题？"

我管理的许多团队在站会期间都会使用看板来跟踪进度，然后大家轮流谈谈自己在每段时间里都在做什么。这种方式的好处在于，它不仅能够帮助我们明确一周的任务和优先级，还允许我们在工作开始之前进行一些必要的调整，以防计划与实际情况发生偏离。

此外，在这些会议上，我们还会专门留出时间来讨论上一周完成或发布的内容。这样做的好处是，我们可以稍微庆祝一下团队取得的成就，尤其是那些花费了团队成员大量时间或精力的任务。此外，还有几个团队尝试后发现，每周进行两次进度检查效果最佳：周一的检查作为一周工作的开始，帮助大家明确当周的目标和计划；周三的再次检查可以让团队调整方向、解决问题并保持前进的动力。

我管理着很多团队，他们都有自己独特的风格和工作方式，我认为这是非常好的事情。我并不强求所有团队都遵循完全相同的流程或模式，相反，我鼓励团队选用适合自己的方式，以尽可能地提高工作效率与绩效产出。

头脑风暴会议

在头脑风暴会议中，或许你并不需要一份完整的议程，只需明确会议的目的，并准备一个笔记区域；甚至可以使用在线白板工具（比如 Miro）来捕捉大家的想法，而这只需留出一小块区域进行标注即可。对于这类会议，切忌准备一份详尽的议程，因为它意味着会议要遵循既定结构，这将极大地打击大家头脑风暴的积极性。

当然，在议程上体现一些主要议题以提供讨论的方向是可以的。但切记，这些主题越是以简洁要点的形式出现，会议的效率往往就越高。同时，团队之间必须有一定的信任，大家才敢于抛出各种想法。而且，会议人数不要过多。如果团队成员之间一开始缺乏信任，你可能需要从一些破冰活动开始。

尽管我非常支持远程工作，也承认你可以远程举行这些会议，但我发现，与其他类型的会议相比，头脑风暴会议更适合在面对面的情况下进行。如果条件允许，不妨将头脑风暴会议融入团队的外出活动，这样或许能够收到意想不到的效果。

13.5　各种尴尬时刻

假设你主持了一场会议。你为与会者明确了目标，设定了方向和时间表。但为什么会议气氛如此尴尬呢？

其实，并非所有形式的尴尬都是坏事。有些尴尬是很自然的，有些则可能产生不好的影响。接下来，我们就从无害到有害的情况，逐一剖析这些尴尬时刻。

你们彼此不太熟悉

我在 Netlify 合作过的团队，是我有幸共事过的最有趣、最注重协作、最值得信任的团队之一。我们积极培养这种团队文化，并且乐在其中。每次会议都以开玩笑和闲聊开始，然后才进入正题。

因为团队成员相处得很自在，所以会议进行得很顺利。有一次，人事部门的一位朋友问我："你是怎么和团队破冰，让氛围如此轻松的？"

我笑着回答："破冰？我们团队？不存在的！我们根本不需要破冰，相反，我们可能更需要被'冰冻'！"

当然，并不是所有的对话都如此顺利。我们团队成员彼此了解，都愿意坦诚地展现自己脆弱的一面，才共同营造了轻松自在的工作氛围。

如果你与不太熟悉的团队开会时遇到尴尬时刻，这其实是很正常的，没什么好担心的。事实上，如果你引入了多样化的人员和观点，团队就会感到有点儿不自在[①]，但长远来看，这实际上有助于他们表现得更好，因为他们能够从多个角度进行创新，并发现潜在的风险。

你可以尝试通过开启对话来缓解尴尬，这会有所帮助。但要是过于勉强地去做，也会让人觉得有点儿生硬，**所以不要太过自责。**我保证，你没有任何问题。

---

① 参见 "Diverse Teams Feel Less Comfortable – and That's Why They Perform Better？" 这篇文章。

参会人数过多或参会人员不合适

还记得我们之前提到的会议的目的和方向吗？如果有些人并不需要知道这些信息，那他们可能从一开始就不应该来参加这个会议。

在疫情期间，我和丈夫有时会尝试用 Zoom 视频聊天来代替面对面的晚餐聚会。但我们发现，一旦人员规模扩大，这种方式就不奏效了。想象一下，当有 12 个人或更多人来现场参加聚会时，大家并不会都挤在一起，而是会分散成一个个小组聊天。于是，我们后面改用 Zoom 举办人数较少的小型聚会，通话氛围也变得更加轻松和舒适。这虽然是一个源自生活的例子，但对工作环境也同样适用。

当参与对话的人过多时，会让人觉得像是在表演，因为当一个人在说话时会有很多双眼睛盯着他。会议的情况在很大程度上也是如此。因此，**尽量不要邀请太多人参加会议**。如果你担心不邀请某些人会让他们觉得自己被排除在外，你可以将他们标记为可选参加，或者告诉他们你一定会让他们知悉会议的结果。

如果公司文化要求每个人都参与所有决策，导致你不得不邀请很多人，那可能预示着公司层面存在一个亟待解决的更大的问题。当公司达到一定规模时，如果没有明确的职责划分，运作上就会出现问题。**如果你因为担心伤感情而邀请每个人都参加会议，那么这可能并不是会议本身的问题，而是大家职责和分工不明确的问题。**

有些话人们未曾言明

这种尴尬的害处可能是最大的。比如，大家觉得不便说出真相，或者存在一个避而不谈的敏感问题，又或者是有不好点破但确实存在的问题需要处理……

作为管理者，我们应该对这种情况保持警惕，并尝试解决。我是一个喜欢迎难而上的人，遇到这种尴尬的情况，我会直接言明，因为我觉得我们彼此不够坦诚。我会说出从自身角度所观察到的实情，然后询问其他人是否有同感。

如果你这样做，请等待一两秒钟。人们可能会对你直接指出问题感到震惊。他们可能需要几秒钟的时间来调整心态，并思考如果他们也说出真相会发生什么。此时，非常重要的一点是，你不要为了打破沉默而急于开口，这可能会让人感觉不舒服。但我保证，沉默一段时间之后，人们通常会开始纷纷发言，你就可以借此机会深入探讨问题的本质了。

13.6 冲突

我后面会专门用一章来探讨冲突，因为这个话题既重要又复杂，值得单独讨论。不过，我们先在这里简要介绍一些原则，因为高效的会议与直接处理冲突有共通之处。

最重要的一点是，冲突并不是必须要避免的事情。相反，人们对工作充满热情、有自己的想法是好事。并非所有的冲突都是负面的。会议的目的可能就是找出大家意见不一致的地方。也许与会者都在尝试解决某个问题，只是思路和方案各不相同。这时，找到共识点有助于将想法具体化，而不必将其与某个人的身份挂钩。

身份问题可能是一个陷阱。当两个人讨论的不再是某个具体的想法，而是各自的立场时，他们可能会错误地觉得对方是在排斥自己，而不是在反驳某个观点。因此，作为管理者，我们应该努力引导同事创造一个积极的环境，让每个人都感受到尊重，避免对他人的攻击。

管理者的职责之一就是区分健康的冲突和恶意的攻击，鼓励大家进行有礼貌、有建设性的讨论。如果有人开始进行人身攻击，我们需要及时介入，制止这种行为，并引导话题重新回到工作上。否

则，讨论很容易陷入僵局，无法取得实质性的进展。

通常，在面对冲突时，我们可以先倾听每个人的意见，然后通过讨论来明确各自的观点，并将其与我们的共同目标联系起来。

以下是一个例子：

> "我听拉希达的意思是，团队 X 正忙着发布一个重要的新功能，但这会导致系统迁移，进而影响她的团队。是这样吗？"
>
> "杰罗姆说的是，为了确保系统的稳定性，团队 X 得赶紧完成迁移工作。是这样吗？"
>
> "好的，听起来我们的共同目标是确保公司在发布新功能时能保持系统的稳定性。我们可以商量一下，看看哪些时间节点是不能变的，哪些是可以调整的，这样就能更好地协调了。"
>
> "我相信，我们都希望新功能可以顺利发布，同时也希望新系统能顺利迁移上线。"

在这里，我们先陈述了自己所听到的内容，这样对方就能感觉到被倾听，或者在我们理解有误、沟通不畅时及时纠正我们。（这种情况有时确实会发生！）

接着，我们明确了双方的共同目标，也指出了在一些需要解决的冲突中可能存在的风险和限制。

在最后一句话中，我们试图为双方打下一个基础，既满足各自的合理需求，又能确保系统的稳定性。

> **注意**
>
> 我在这里只是举个例子，你并不需要完全照搬。关键是，要确保每个人都觉得自己的意见被听到了，而且你们**要对冲突的内容有共同的认知**。同时，在探讨引发分歧的真正原因时，要保持开放的态度。
>
> 有时候，在会议中可能会发生强烈的冲突，导致会议陷入僵局。这时候，你需要给大家一些时间来重新整理思路。我建议在一周后再次召开会议进行跟进，同时，也可以尝试在这段时间里分别听取每个人的意见。毕竟，有时候人们可能需要与问题保持一点儿距离，当时的冲突可能只是因为会议当天心情不好，这都是可以理解的。

13.7 直接责任人

一场好的会议，必须有一个直接责任人（DRI，directly responsible individual）。直接责任人不一定是会议的组织者，也可能不是你。但作为管理者，你必须明确谁是这个项目的负责人，谁在会议需要时做出决策。

为什么需要直接责任人呢？尽管我们希望听到每个人的意见，但在软件开发乃至生活中，很多事情并不一定有唯一正确的答案。因此，最终还是要有人来做决策。

注意，我并没有用"做决定的人"这个表述。我们更倾向于使用"直接**责任人**"，因为这个表述更能体现这个人的核心角色——对最终结果负责。

这也说明了为什么参加会议的人不能都有同等的发言权。如果是你的项目，你要对所做的任何决定的结果负责，那么你自然也要掌握决策权。同样，如果让与项目无关的人来做决定，他们可能不了解所有的细节，也无法充分认识到问题的严重性并投入足够的精力。

在项目管理中，你可以尝试几种不同的框架系统来确定责任人。比如 DACI 框架，它包括驱动者（Driver）、批准者（Approver）、贡献者（Contributor）和知情者（Informed），这个框架将每个利益相关方的角色分开，以便每个人都知道自己的职责。还有其他几种框架，如 RACI 框架，它代表负责（Responsible）、可解释（Accountable）、被咨询（Consulted）和知情（Informed），以及 RAPID 框架，它代表推荐（Recommend）、同意（Agree）、执行（Perform）、输入（Input）和决定（Decide）。选择哪种框架，取决于哪种最适合你的团队。

指定直接责任人不仅能让各个团队做出最终决策并推进工作，还能将责任落实到实际承担重任的一方。我建议在项目初期就明确这个人，并在会议开始时重申这一点（也可以将其包含在议程中），这在团队难以做出选择时大有裨益。

13.8　小结

有时候，我们可能会觉得会议是工程项目推进中的累赘，但事实并非如此。与一群相互尊重、追求共同目标的人合作，这种感觉其实特别棒。好的会议能够为我们指明方向，当团队走错方向时，它能及时纠正，从而节省大家数小时甚至数天的工作时间。只要明确了责任人，做好会议记录，并确保与会人员都是迫切相关的，那么即使面临复杂的问题，团队也能保持步调一致，共同前进。

第 14 章

冲突管理

———

当你从软件工程师转变为技术管理者后，处理冲突便成为你必须适应的众多新职责之一，让你不禁感慨："原来这也是我的工作！"事实上，冲突管理是管理者角色中极为关键的一环。因此，我们必须学会如何有效应对冲突，推动事情向更好的方向发展。

冲突管理并非一蹴而就的技能，即使我已经积累了十年的管理经验，也仍在不断探索和学习新的冲突处理方法和技巧。

与管理者的自我意识相似，冲突也常被误解。一提到冲突，人们脑海中往往会浮现出眉头紧锁、剑拔弩张、人心涣散等画面，但实际上，冲突并非如此可怕。

在高效的工作环境中，冲突其实是一个非常必要且有益的部分。为什么呢？因为当我们都在相互学习时，合作的效率才会最高。而在这个过程中，出现一些分歧和争议也是难免的。

德里克·西韦尔斯（Derek Sivers）在他的 *Hell Yeah or No* 一书中说过一句很有道理的话："你必须充分了解自己的偏好，因为无论你做什么，总会有人告诉你错了。"

很多真正具有创新性的想法都会挑战现状。而冲突在这个过程中就像是一个助推器，它能帮助我们不断地挑战和完善这些想法，同时让我们更加全面地考虑其中的风险，确保所有人都对这些想法有清晰的认识。

有时候，冲突也是成长和学习的契机。回想一下，你的生命中那些真正取得进步或学到大量知识的时刻，是不是往往都伴随着一些冲突？无论是内部冲突（比如"为什么这段代码就是编译不通过？！"），还是外部冲突（比如"我认为我们不应该这样构建，那样做会更好！"），正视并真正去解决问题，比自欺欺人地认为一切都好，能带来更好的结果。

冲突可能意味着我们走出了自己的舒适区，但同时，它也是一个让我们看清自己实力的机会。当然，冲突并非总能带来这样的感受，也并非所有的冲突都是有益的。但是，如果我们能把那些建设性的冲突看作成长的机会，那么在冲突并不那么有益的时候，也能帮助我们保持理智和冷静。

14.1　虚假和谐与建设性冲突

人们往往认为，良好的工作环境应该是没有冲突或分歧的，但事实并非如此。关键在于，我们要创造一个健康的环境，让人们可以在其中自由地表达不同的意见，而无须担心世界会因此崩溃，或是自己会陷入人身攻击。

举个例子，假设你向团队提出了一个新概念。你计划对技术路线中的某个特定功能进行重大更新。这时，你可能会遇到两种回应。

> 一种是沉默，然后有人说："当然，听起来不错。"
>
> 另一种是同事直接对你说："我认为这不是最佳路径，因为 X 和 Y。"

在第一种情况下，你遇到的是所谓的"虚假和谐"。表面上看起来大家都同意，但实际上每个人都在沉默中保留意见。他们可能不确定说出自己的想法会有什么后果，所以选择保持沉默。

而在第二种情况下，这位同事要么是在告诉你一个你未曾考虑到的风险，要么是在提出一个需要你关注的点。有人能指出你未曾察觉的风险，这是非常有价值的。你需要这些信息来优化当前的计划，如果风险大到一定程度，你可以选择放弃该计划。而如果你已经考虑过这个问题并有了答案，那也很好，这意味着你可以直面问题，而不会让负面的想法和情绪逐渐累积并最终爆发。

随着你在管理层中位置的上升，你会离一线的具体问题越来越远。因此，你将更加需要依靠你的员工和其他人来告诉你问题的真相。

面对冲突，我们不应害怕，而应积极地去接纳它。我们需要掌握一些技巧，使那些带有分歧的对话能够变得具有建设性。我们也要学会如何分享自己的观点，同时避免相互攻击或让对方感到被攻击。此外，我们还要认识到，冲突往往源于每个人不同的价值观。这些价值观的差异可能导致我们与他人产生分歧。同时，我们也要明白，表达不同意见需要选择合适的时间和地点。在某些情况下，我们不仅需要表达不同的意见，还需要做出承诺，这时，我们就需要明确指定一个决策者。

14.2 立即行动

无论是在个人层面还是组织层面，一旦发生冲突，立即处理都至关重要。这并不意味着每次有人提出问题，你就要放下手头的一切事务去应对，但这的确意味着要明确什么才是需要处理的冲突，以及什么可能只是个人偏好或个人观点。

如果任由事情悬而未决，就会在员工中引起一定程度的不确定性，这会让员工分心，甚至士气低落。因此，我的建议是，遇到问题要尽可能迅速地处理，并给予应有的关注，以防事态进一步恶化。这对于习惯于规避冲突、希望问题能自行消失的人来说可能有些困难。当然，有时不处理冲突，让它不了了之也是明智的选择。但遗憾的是，作为管理者，这样的机会并不多。很多时候，你需要挺身而出，主动平息冲突。

14.3　将想法与身份分离

正如在关于反馈的章节中所讨论的，当人类感到受到人身攻击时，很难从一个理性、客观的角度来处理冲突。因此，要想开展一场富有成效的争论，最有效的方式是从一开始就避免将个人情感与观点混为一谈。

很多时候，人们会将自己的观点称为"我的想法"，这里的"我的"成了关键词。每个人都希望自己的工作和思想得到认可，这是很正常的。但讨论并不是为了证明你的个人价值或身份。如果你能与团队和同事紧密合作，这种归属感和认可会自然而然地到来。

那么，我们能否尝试将某个观点仅仅看作一个"想法"呢？我们生活在一个充满无限可能的世界里。你提出的观点只是其中一个想法。它可能有一个良好的基础，但还需要进一步完善；或者它曾经是一个好主意，但你刚刚获得了新的信息，可能还有更好的方案等待发掘。无论如何，想法有很多。重要的并不是这个想法是否属于你，而是它是否适合公司及公司的员工。

我得承认，在这方面我真的很矛盾，因为说起来容易做起来难。特别是，如果你曾在那种充满自负、环境恶劣的地方工作过，时间一长，你自然会变得更想保护自己。但无论何时，从改变自己的行为开始，去尝试营造一个更好的环境，这件事都不算晚。

每当我努力尝试将自己的想法与身份分离时，我都会进行自我反省。如果发现自己对某个想法产生了防备心理，我会尽量从对话中抽离出来，转而问问那些一直保持沉默的人，听听他们的看法。这样做有两个好处：一是能让我听到那些平时可能因为别人声音太大而被忽略的声音；二是能让我暂时放下防备心理，给自己一点儿时间思考，以免不小心否定了别人的想法。

领导一支团队，你的行为就是团队的榜样。你肯定希望你的团队能够尽可能保持开放和协作。而作为管理者，你需要努力培养这些品质，为团队做出表率。

14.4　理解冲突与价值观

在第一部分，我们深入探讨了价值观的重要性：为什么理解个人的价值观对于理解一个人的行为方式如此关键？实际上，价值观在冲突中也扮演着举足轻重的角色。当冲突发生时，找到大家共同的价值观，或者解释为何某些人更看重某些特定的价值观，往往有助于我们更好地应对冲突。接下来，我们就来详细探讨这两种情况。

想象一下，你的团队中有一位成员非常看重"辩论"，另一位则更看重"稳定"，还有一位则把"学习"放在首位。当问题出现时，他们可能对同一场讨论产生截然不同的看法。

起初，喜欢辩论的人和喜欢学习的人可能会相处得很融洽，因为他们都热衷于寻找新的解决方案。然而，看重稳定的人可能会将这种变化视为一种威胁，因为他觉得这种变化动摇了工作的基础，而他并未为此做好准备。看重学习的人可能会逐渐意识到这一点，并开始退缩，因为他觉得团队的学习效率不再是最高的。而看重辩论的人则可能会被这种冲突激发出更大的热情，他觉得终于有机会触及问题的核心，把事情理清楚了。

如果没有对价值观进行深入的探讨和理解，这种类型的互动可能会让人感到有些混乱。那么，我们如何才能让每个人都感到被包容和理解呢？

我尽量深入思考团队成员的价值观，并尽量满足他们每个人的需求，有时甚至会把这种差异大声说出来。（不过这种事情要谨慎处理，因为这有可能会被误解为人身攻击。）

让我们来看看这种价值观训练如何帮助我们更好地解决冲突：

> "太好了，我们大家聚在一起，共同解决一个问题。在这个过程中，我们可能要问问自己：'事情真的需要改变吗？如果选择改变或不改变，分别会面临哪些风险？'"

也许我还可以展现一些个人的脆弱性，让大家知道，即使考虑不周全也没关系：

> "我遗漏了什么重要的点吗？我们还有哪些方面没有深入探讨吗？"

这虽然不是一个万能的例子，但你可能已经看到，我们正在努力消除大家对改变的担忧，并讨论保持稳定带来的潜在好处。同时，我们也在学习如何接纳不同的想法，允许一些有益的争论存在。

不妨想一想：同一件事在不同的团队成员看来会如何？这种换位思考可以帮助大家重新找到共同点，更理性地分析当前的情况和可能的结果。

14.5 营造心理安全感

在团队建设过程中，关键是为团队成员打造一个他们能够顺利开展工作、相互协作并且感到安心的环境，这有利于向更广泛的利益相关群体展示团队的风采。

这样的环境至关重要，因为并非每个人都能在众目睽睽之下毫无顾忌地表达自己的观点。如果不加以注意，我们可能会在无意中营造一种氛围：让那些声音最大、意见最多的人占主导。

特别是在团队中有一些害羞且彼此不太熟悉的成员时，很容易有来自其他小组、自信满满的人闯入，对他们提出强烈的意见，而他们可能会因为不敢反驳而勉强表示赞同。在我曾管理过的团队中，一些成员因为不敢发声而屈从于他们并不认同的意见，这让我感到很难过。

此外，这样的团队也可能因为害怕犯错而选择保持沉默。我们需要营造一个环境，让人们能够自由地提出想法，而不必过分担心最终的结果。这样的环境在初期可能更容易在小型、互信的团队中形成，而不是在公开场合。

有时候，我也可能会成为那个过于直接、强烈地表达意见的人。因此，我一直在反思如何为每个人创造一个更加包容、安心的环境。在这个过程中，我学会了在某些情况下保持沉默，给团队成员更多的发言空间。如果你也是这种类型的人，那么请记得留给团队一些空间，让他们能够自由地表达自己的观点。

乍一看，似乎让一切公开透明、让每个人都有发言权是更理想的工作方式。但实际上，如果我们没有为不善于表达的人提供安心发言的环境，那么可能会错失倾听他们宝贵意见的机会，并无意中偏向于那些更加外向、大胆的人。请记住，害羞的人同样拥有独特的见解。

14.6 做出决策

冲突往往源于价值观的碰撞或目标与成果的错位。尽管无法使所有人的价值观完全统一，但我们可以在成果层面明确方向，哪怕之前模糊不清。聚焦于核心任务或预期成果，并围绕它们达成共识，将会极大地推进工作。这样做能迅速平息内部争斗，消减不必要的官僚程序，并取得良好的效果。

有些冲突可以通过数据来寻找解决办法：回顾历史数据，设定时间框架进行研究，并尽可能邀请数据分析师加入。然而，也有一些冲突并没有绝对正确的解决方法，最终只能归结为个人观点的差异。在处理这类冲突时，需要注意，除非涉及人权等敏感议题，否则通常存在多种可行的解决方案。此时，应告知每个人，你重视并愿意倾听他们的意见，但同时也要明确，你的决策必须与公司层面更广泛的目标和战略保持一致，而非仅仅迎合多数人的意愿。在这种情况下，明确直接责任人（DRI）或采用决策框架尤为重要，且需要确保所有人对此有清晰的认识。若这位直接责任人能够根据新信息灵活调整思路，那就更加难能可贵了。

> **注意**
>
> 为什么最终决策不能由所有人共同做出呢？
>
> 这个问题我们之前讨论过，但再强调一次也是很有必要的：那些对决策结果承担最大责任的人，他们的意见自然应该比那些责任较轻的人更有分量。或许你在其他组织工作过，对那个组织的运行方式有自己的见解，但很可能你并不了解那些隐藏的背景信息，比如技术债务的累积程度、历史数据、社交细节等。因此，公平起见，那些直接

参与项目或在项目出现问题时需要承担责任的人，在决策过程中应该拥有更多的发言权。

当然，不管怎样，倾听并收集各方观点依然非常重要。你可以尝试这样表达："我感觉你的意思是……我这么理解对吗？"这样做不仅能让对方感受到被尊重和倾听，还能在发现你有误解时及时纠正。你可能会惊讶地发现（也可能不会），很多时候我们以为自己理解了别人的意思，但通过这样的沟通询问，我们能得到更加明确的答案。

14.7 小结

谈及冲突，人们往往会联想到针锋相对的场面。但实际上，冲突并不全然是坏事。它能揭示潜在的风险，促进团队合作与流程机制的改进，从而推动积极的变革。管理冲突的关键在于，我们需要持续给予明确的指导，引导大家进行有益的冲突讨论。这样的讨论应避免人身攻击，着眼于更远大的目标。

为了有效管理冲突，你应始终确保团队聚焦于整体大局，让每位成员的声音都能被听见，并为团队营造心理安全感。同时，合理设定讨论时间并指定决策人，这样你就能避免冲突被忽视或无限期拖延的情况。再次强调，明确是关键所在。

第 15 章

跨团队协作与开源协作

在工程技术领域，团队合作几乎是常态。如果你的团队规模较小，向其他公司寻求专业咨询与合作往往是必经之路；随着你的团队日渐壮大，与公司内部的其他部门紧密协同也会成为日常。

与此同时，开源软件领域正以前所未有的速度蓬勃发展。众多大型企业纷纷依托开源协作的软件推进技术研发，尽享开源社区支持所带来的诸多益处。开源软件，这一独特模式，汇聚了来自世界各地的众多人才，共同贡献他们的智慧与力量。

与公司内部或外部的任何团队合作时，所遵循的规范其实大同小异。因此，接下来我们将一并探讨跨团队协作与开源协作。不过，在此之前，不妨稍作停顿，思考一下究竟怎样才能实现最佳的协同合作，这是很值得的。

在与他人合作的过程中，你的行为可能会影响工作的方方面面，比如，你开发的代码能否被顺利合并到项目中，是否有人乐意响应并解决你提出的问题，甚至你未来能否继续参与某个项目的开发。因此，本章将为你提供一份指南，旨在助你实现顺畅与高效的沟通。

我们将从两个核心角色——项目维护者（他们需要与各利益相关方紧密合作）和项目用户（他们可能来自不同的团队）的视角出发，一同深入探讨这一主题。

对于这两大角色而言，尊重彼此的时间、明确地交换信息以及适时表达感激之情，是贯穿合作始终的三大原则。在合作过程中，每个人都在无私地奉献着自己的宝贵时间。因此，相互理解、心怀感恩，对于确保合作的顺利推进具有不可估量的价值。

15.1　从维护者视角看待协作

在项目管理中，你和你的团队或许已对项目的每一个细微之处了如指掌，不论是亮点还是不足。你们擅长设定优先级，清楚哪些难题能迎刃而解，也深知哪些领域暗藏风险。然而，当你们离问题太近时，可能会遭遇"知识的诅咒"——因过度熟悉而误以为一切对他人而言也同样显而易见，但现实往往并非如此。为了更有效地引导项目用户和潜在贡献者，你们可以采取一系列措施来节省双方的时间与精力。

- 利用"需要帮助"或"初学者友好"等标签，为项目的新用户指明易于上手的起点。
- 创建 makefile、CONTRIBUTING.md 或在 README 中详细说明项目构建流程、编码风格以及期望的 Pull Request（PR）类型。例如，可以参考 GitHub 上我的 Array Explorer 项目中的 CONTRIBUTING.md 文件，它为贡献者提供了清晰的指引。
- 充分利用问题模板。对于热门项目，设计并验证自己的提问模板（如 Vue 项目所做的那样）。这有助于确保收到的问题包含有价值的信息，避免因无效的提问所造成的资源浪费。

- 如果你向某人求助，或者对于你标记为"需要帮助"的问题，有人热心地提交了 PR，但你最终决定不予合并，请务必留下评论说明缘由。忽视这一行为，便是对他们无私奉献与时间投入的不尊重。更进一步，我建议在关闭和合并任何 PR 时，都附上评论，或阐述理由，或表达感激，以体现对贡献者的重视。

项目的有序推进

在项目推进过程中，如果很多人都在分散你的时间和精力，可能会让你颇为疲惫。为了帮助你更好地进行人员管理，确保项目有条不紊地顺利进行，以下是一些实用的建议。

- 要制定并公布行为准则，让所有人都知道哪些行为是可以接受的，哪些是不被接受的。你可以参考贡献者公约来制定这样的准则[①]，同时 GitHub 也提供了一些基础模板，帮助你轻松地将行为准则融入到项目中。

- 面对项目成员的困惑，我们应给予充分的理解与耐心。如果你对某人的表现感到不耐烦，不妨先让自己冷静下来，暂时从问题中抽身，试着去认同并感谢他们对项目的热情与投入。

- 对于活跃的代码贡献者提交的 PR，我们不应轻易关闭并自己去重新实现相同的功能。这种做法非常不明智。

- 如果某个问题引发了个体间的争执，我们应迅速将问题交给核心维护者处理。要及时锁定问题，并在必要时确保严格执行行为准则。

---

① 参见 *Hell Yeah or No* 这本书。

15.2 从用户视角看待协作

接下来，我们转换一下视角，从项目外部用户的角度来探讨协作。在项目一开始，你就得确保自己充分地尊重维护者的时间和项目本身。在动手写代码之前，有些准备工作是必不可少的。

- 在正式投入项目之前，先花点儿时间熟悉一下贡献者指南，这通常能在仓库根目录下的 CONTRIBUTING.md 文件里找到。如果找不到这个文件，不妨提交个问题，看看能否帮忙一起贡献一份。

- 在你提出新功能需求或者报告 bug 之前，先对项目表示一下感谢，这通常会受到项目的维护者或社区成员的欢迎。

- 别觉得项目的维护者亏欠你什么。一旦你开始使用这个项目，就有责任参与其维护工作。如果你对项目的维护方式不满意，提建议的时候要尊重他人，同时主动地加入进来协助改善。如果你觉得项目的方向和你的想法大相径庭，你可以创建一个全新的项目副本，进行独立开发。

- 在提交问题时，尽量用在线代码编辑器（比如 CodePen 或 CodeSandbox）或者 GitHub 仓库，创建一个简洁、独立的环境来复现问题。这样做不仅能帮你更清楚地了解问题所在（或者发现其实根本不是问题），还能让维护者更容易地帮你解决问题。

- 在提交问题时，不妨也尝试给出一个解决方案。比如，你可以花几分钟的时间深入研究一下源码[1]。如果你不确定怎么解决，也可以直接说明。

---

[1] 可参见 "What Open Source Project Should I Contribute To?" 这篇博客文章。

- 如果你发现自己无法独立解决问题，请在提交问题时坦诚地指出。通常，提出问题的人应负责解决问题，但若有人愿意伸出援手，那是他们给予你的宝贵帮助，你应当适时表达感激。

- 切记，避免提出类似"这个项目是否还有人在维护？"的质疑，因为这样的言论可能会伤害到那些为项目投入了大量时间的维护者。或许维护者只是暂时需要休息，或者正忙于其他事务，又或许他们经历了家庭变动，如父亲去世、孩子出生等，这些个人因素都可能导致他们无法即时响应。因此，不能因为项目维护者的一时缺席，就轻易否定项目的价值。当然，你可以询问项目的未来规划，或者根据以往的提交记录来判断项目的维护情况是否符合你的期望。但是，对于那些无偿为你创造价值的人，采取消极攻击的态度是绝对不可取的。

- 如果在一个项目中你不是核心贡献者，那么建议你在提交一个大规模的 PR 时，先通过提交问题的方式，确认你的方向是否合理。这样你更有可能使 PR 被顺利合并，因为你已经提前与项目方进行了沟通并告知了你的计划。更好的做法是，将大规模的 PR 拆分成多个小规模的 PR，这样每次提交的内容不会太多，也更容易被理解和接受。

一旦你更深入地参与到项目中，就需要留意一些基本的行为规范。

- 如果有人以礼貌的方式拒绝了你的 PR，理由是你的代码没问题，但并不符合他们想要的项目发展方向，那么就不要在 PR 上继续纠缠了。这时候，如果你坚信某个功能非常必要，更好的选择可能是创建一个全新的项目副本，自行独立开发。

- 在准备性能测试之前，你应该先向框架、库等单元的开发者展示你打算用于测试的代码，并征求他们的意见。允许他们在规定的时间内对你的测试代码进行 PR。这样，当你开始性能测试时，就能确保你们双方已经达成共识，测试也能尽可能公平地进行。这样做还能有效地避免一些问题，比如将开发者错误当作生产环境错误或用户错误来进行测试。
- 如果你和某个人在同一个公司工作，而一个 PR 或问题的讨论已经持续了一段时间却仍没有解决，建议通过电话或视频会议直接沟通。有时候，面对面的交流能让你们更快地达成共识。有些事情通过文字沟通可能难以解决，但当你们看到对方时，在镜像神经元的帮助下，可能更容易理解彼此，从而找到解决方案。

15.3　小结

这些协作技巧的核心就是要有礼貌、尊重他人和待人友善。跨团队协作和开源协作的价值是无法估量的。我们只需遵循一些简单的规范，就能为大家创造一个更美好的环境。

作为项目维护者，维护一个项目很可能是一份艰巨且吃力不讨好的工作。而项目的很多用户确实是真心实意地想要提供帮助。我们在沟通和合作时应该牢记这一点，这能让我们更好地团结协作，提高工作效率。

第三部分

助力员工发挥
最佳工作效能

第 16 章

为团队工作设定优先级

想象一下，如果突然被要求在短短一个小时内完成去超市购物、理发以及锻炼这三件事，你的感受会如何？恐怕你会感到一丝慌乱，因为这些任务显然在有限的时间内难以全部完成。更糟糕的是，如果没有明确哪个任务最为紧迫和重要，会更加让人无从下手。此时，如果必须做出取舍，应该优先完成哪个任务呢？

这正是管理者在日常工作中经常面对的挑战——设定优先级。无论是技术负责人、技术经理、总监还是副总裁，都需要具备高效且准确地设定优先级的能力。为团队明确工作优先级，是确保团队成员能够在各自岗位上取得成功的重要前提。否则，团队很可能会陷入一片混乱之中。

团队之所以需要设定工作优先级，原因有二。

- 面对堆积如山的工作任务和有限的时间资源，团队必须明确哪些任务最为关键，应当优先处理。

- 为了高质量地完成这些优先任务，团队必须保持高度的专注力。设定优先级有助于团队成员集中精神，避免在琐碎的事务中分散注意力，从而确保每一项任务都能得到充分的关注和投入。

当然，除了为团队工作设定优先级，管理者还需要学会为自己的工作设定优先级。这将在本书的后续章节中详细探讨。此刻，让我们将焦点放在团队上。在接下来的几节中，我们将深入探讨如何为团队工作设定优先级，以确保团队能够高效、有序地推进各项工作。

16.1　优先级设定的基础

为团队工作设定优先级的方式，在很大程度上与公司的规模与所处的发展阶段相关。不妨思考这样几个问题：你们是否已经组建了专职的产品功能团队？公司是否已成功融资并建立了董事会？你们瞄准的是哪个目标市场？团队的服务重心是偏向公司内部员工、销售团队、开发团队，还是广阔的外部用户群体？这些都将对优先级的设定产生重大影响。

在这一章中，我将为大家介绍一些实用的优先级设定工具，适用于手头没有现成工具、需要从零开始构建的情况。我们还将剖析如何理解公司内部常用的管理系统，比如 OKR（目标与关键成果）。当你需要面对各种业务需求时，了解 OKR 的相关知识将为你提供有力的支持，帮助你更有效地为团队工作设定优先级。

16.2　运用 OKR 的方法

在公司运营中，一个核心要素是 OKR。这是一种在各个行业广泛应用的模式，旨在构建一个数据驱动的系统，让工作的成果可量化，确保个人与团队都能对结果负责。虽然本书不会深入剖析 OKR 的细节，但若你对此颇感兴趣，想要了解更多，我极力推荐你阅读约翰·多尔（John Doerr）的 *Measure What Matters* 一书，该书详细讲述了 OKR 的历史渊源与设立目的。

谈及 OKR，我们先明确它包含目标与关键成果两大部分。

目标是能够激发未来愿景与想象力的高层次追求。例如，在 Chrome 历史上的某个阶段，他们设定的目标为"将浏览器打造成一个操作系统"；微软曾经致力于"让每个家庭都拥有一台电脑"。这些宏伟的目标无疑促进了无数工作的开展。每个人都可以将自己的工作成果与这样的目标相对照，以确保前进的方向与组织的宏伟蓝图保持一致。

关键成果是随着时间的推移可具体衡量的数据指标。比如说，"增加用户数量"这样的表述并不适合作为关键成果，"明年实现注册量翻 3 倍"则更加明确和具体，是一个合适的关键成果。还是以 Chrome 为例，2009 年他们秉承"勇敢挑战不可能"的战略目标，实际设定的"关键成果"则是"到年底周活跃用户数达到 1.11 亿"。

注意

有一点需要特别强调，那就是 Chrome 并非一帆风顺地迈向这一成功。之前，他们设定的目标是每周活跃用户数达到 5000 万，但实际上仅实现了 3800 万。每个人都应当明白，相对保守的小目标，进行大胆的尝试和设定富有挑战性的目标相对更为安全。在 *Measure What Matters* 这本书中，作者提出了"70% 原则"，即我们应该坦然接受只有 70% 的成功率这一现实。

为了制定可行的 OKR，我们需要在目标和关键成果两个方面都下足功夫。至关重要的是，不能设立过多的目标和关键成果，要合理控制 OKR 的总数，确保团队能够集中精力去完成。

在设定 OKR 时，还需注意以下几个重要方面。

- OKR 应该基于最高层级的业务目标或战略来设定。
- 一旦 OKR 确定下来，就要确保它们易于查找且对每个人来说都清晰明了。你可以把它们写进手册里，或者经常提及，直到大家都耳熟能详。
- 在制定 OKR 的过程中，我们还要注重反馈，特别是同事的反馈。如果公司里每个团队的 OKR 各不相同，那么大家就很难形成合力朝着一个目标前进。当然，你的 OKR 不必与其他部门同事的完全一样，但重要的是，他们应该认同你的目标，并愿意在你需要的时候伸出援手，反之亦然。
- 正如前面提到的，这样的 OKR 可能会让你感到有些挑战，甚至有些不适。但这正是我们想要的，因为只有这样，我们才能不断倒逼自己，尝试去做一些更有挑战性、更有意义的事情。

16.3 OKR 示例

接下来，我们将通过一个具体的例子，深入探讨如何从公司最高层级的 OKR 逐步细化到日常的具体工作任务。需要说明的是，你并非必须采用这一体系。由于各种因素的影响，不同公司在实施时可能会有所差异。但是，通过剖析一个中层的例子，我们可以清晰地看到哪些环节可能需要额外的补充，或者哪些是我们难以掌控的。

第一步：明确 OKR

你在公司中的职位以及组织的规模，将决定你是否会参与到最高层级 OKR 的制定中。任何评估体系都存在不足，这主要有几个原因：我们无法预知未来，只能评估过去，而且行业变化得非常快。因此，根据我们所处的环境，**有时可能需要对 OKR 进行调整**。尽管如此，OKR 对于理解和评估工作进度仍然非常有价值。

在最高层级规划时，我倾向于采用两大策略来明确未来的 OKR：一是前瞻，二是回顾。在前瞻时，我会暂时放下手头的日常琐事，站在一个更高的角度去思考：在未来的几年里，我们公司有可能在哪些领域做出具有重大影响力的事情？而我个人又能为实现这些目标做出哪些贡献？

在初步形成这些想法的同时，我也会进行深入的回顾与分析。我会思考：现有的数据对我们的规划方向有何启示？这个想法目前的增长速度如何？我能获取到哪些有力的数据来支持这个想法？此外，还有哪些未知的因素和需要我们进一步填补的知识空白？

如果公司内设有专门的数据分析团队，那么现在正是他们大展身手的好时机。这些团队通常都经过严格的训练，能够针对我们的问题做出既恰当又深入的分析。在制定 OKR 的过程中，我们应该保持一颗开放的好奇心，积极接纳他们的建议和分析。

另外，在制定 OKR 的过程中，我还特别注重与团队成员、同事以及利益相关方的沟通与协作。我会及时向他们通报我的思考过程和决策依据，并鼓励他们提出宝贵的反馈意见。只有这样，我们才能共同制定出更加合理、可行的 OKR。

第二步：把 OKR 细化成具体行动

设定一个最高层级的 OKR，比如"注册量要增长 300%"，这听起来挺有挑战性，但也挺让人摸不着头脑，不知道该怎么落实到研发工作上。通常，产品团队负责想点子、规划路线图，而你作为技术管理者，得琢磨怎么把这些想法变成现实。不过，在小公司或者大公司的某些团队里，这些工作大概率不会细化好再给你，那么让我们一起来梳理一下。

要想增加注册量，你得看看公司以前哪些招数最管用。数据里的峰值（要是没数据，那就得先解决这个问题）往往能给你不少启发。就我自己的经验来看，能提高注册量的办法有下面这些：

- 推出新功能
- 开公司大会
- 优化 App 和营销网站的搜索排名和信息分层
- 优化让人头疼的注册流程
- 改进文档，做好新用户引导
- 分享成功案例
- 发布融资消息
- 推广开发者文化

当然，你不可能什么都做。得根据团队的规模、这些事情的影响力，还有需要投入的时间，来制订一个计划。

举个例子来说明吧。假设你发现，在你们公司，最有效的策略是推出新功能、分享成功案例以及发布融资消息。融资的事情或许你无法直接参与，但你可以在与投资者的交流中贡献你的想法。分享成功案例可能也不是你的主要职责，不过，你可以与营销部门紧密合作，为他们提供所需的信息，或者安排你的工程师接受他们的采访。

这样看来，重点就落在了推出新功能上。以往每次推出新功能，公司的注册量都能提升大约 50%。那么，我们就可以从这个目标出发，推算出为了达到最终目标，我们需要推出多少次新功能。当然，在推算的过程中，我们还需要综合考虑其他可能的措施。

比如说，经过计算，我们发现需要推出三次新功能。这时，你就可以与团队成员一起，制定一个合理的节奏，确保在规定的时间内完成任务。记得在排期时留出一些余地，因为事情往往比你预想的要花费更多时间。

当然，推出新功能这个任务还需要进一步细化。我个人喜欢在 GitHub 中使用里程碑，这样可以轻松地跟踪进度，还可以通过添加标签来进一步细化管理。关于这个过程，我们将在下一章进行详细介绍。

第三步：制作季度规划电子表格

在设定了一年的 OKR 后，起初我们可能充满动力，但要保持这种热情却并非易事。这时，按季度规划的电子表格就能派上用场了，它主要有以下几个作用。

- 可以作为一个醒目的提醒，放在大家都能轻易看到的地方（我个人习惯把它放在组织文档最显眼的位置）。
- 能有效防止工作范围蔓延，即避免其他团队或个人给你的团队堆砌额外的任务。比如：

> 利益相关方："你们团队能不能做这个 X 项目？"
>
> 你："或许可以，但得看看它和我们已经设定的优先级怎么协调。"（这时，你就可以展示季度规划表格了。）
>
> 你接着说："如果我们可以调整这个列表上的其他任务，我很乐意接手这个项目。"

- 一个季度是一段不算太长也不算短的时间。在这段时间里，事情虽然会有所变化，但变化通常不会太大，即便有大的变化，也在可控范围内。而且，在三个月的时间里，你通常能完成一些实质性的工作，并收集到足够的项目数据。

那么，我在制作季度规划电子表格时，通常会包含哪些内容呢？

- 项目名称；

- 项目详细信息的文档链接；
- 项目联系人、负责人或主管；
- 优先级（我通常会设定"高优先级"标签，并限制最多三个项目享有此标签）；
- 项目类型，标记为"持续进行"或"有限期"（"持续进行"指的是团队会一直做的事情，比如维护某个模板；"有限期"则是指项目会在季度内启动并完成，比如为一场会议策划一个关于 X 项目的演讲）；
- 相关数据或仪表板的链接，方便数据追踪和分析；
- 如果适用的话，还要包括项目的发布日期。

当然，你无须严格使用这些字段，完全可以根据团队的实际需求和情况来进行调整。最关键的是，这个电子表格要既实用又易于操作。

此外，你还需要通过各种沟通渠道，比如 Slack、电子邮件、会议、手册等，广泛传播这个文档。这样，当三个月过去后，你和大家交流工作成果时，就不会有人感到意外了。我们也要避免那种努力工作到最后，却听到利益相关方说"我都不知道你们团队在做这个"的尴尬情况。

最后，我强烈建议你在每个季度结束后，分享你们团队所取得的成果以及在这个过程中积累的经验。这可以通过公司的报告分享会、邮件或其他常用且高效的沟通方式来实现。

16.4 指标的局限性

在三个月的时间里，你可以评估工程产出。像 LinearB 这类出色的工具，能帮助你轻松评估问题关闭、PR 合并等关键事项的状态。这对于我们为每个团队设定合理的工作节奏，以及及时发现并处理异常情况，都大有裨益。（试想，一个十人的团队，一周下来只合并了三个 PR，这其中是不是有什么问题呢？）

> **注意**
>
> 　　不过，这里需要特别提醒一下，工程产出指标虽然实用，但也很容易被人为操控，比如，通过关闭大量小问题或只处理最简单的 PR 来刷数据。当然，某些"操控"行为也是合理的，毕竟，我们都不希望团队成员提交那些庞大、复杂、难以审核的 PR。但话说回来，这些指标也有很多盲点。
>
> 　　比如，一个 PR 可能涉及一个棘手的 bug，它可能导致网站出现各种可靠性问题，而解决这个 bug 可能需要整个团队花费数天的时间。这样的工作其实是非常富有成效的，我宁愿我的团队专注于解决这类关键问题，而不是忙于完成大量琐碎的任务来提高所谓的"产出"。
>
> 　　再比如，PR 的审核也是一门学问。有人可能会草率地提交一个 PR，而一个认真负责的审核者则需要仔细分析它的副作用，构建分支，并追踪需要改进的地方。这些工作都难以用简单的指标来衡量。
>
> 　　因此，我们绝不能仅仅依赖工程指标来评估团队的工作。它必须结合定性分析，而定性分析则需要通过与团队深入沟通来完成。
>
> 　　同时，工程产出量虽然能反映团队的工作进度，但并不一定能准确反映团队正在处理的具体任务。所以，与团队保持密切沟通至关重要，这样我们才能确保每个人都在为业务目标贡献自己的力量，而不仅仅是忙于琐碎的工作。

总的来说，指标在帮助我们识别异常情况、了解工作节奏以及预测未来工作量等方面具有不可替代的作用。

此外，信任在团队管理中也不可或缺：如果我们设定了 OKR，就需要与团队一起努力实现，全年跟踪进度，并在项目成功时共同庆祝。合理的目标设定能够为员工指出明确的方向。团队成员应该能够感受到自己的工作正在为团队的整体进步贡献力量。否则，我们就需要重新审视目标设定，寻找更适合团队发展的方向。

16.5 什么都重要，等同于什么都不重要

你不能一股脑儿地制定一大堆 OKR 和指标，然后坐等好结果出现。要想从大局出发，合理排序，就得学会放手一些项目，把精力集中在最重要的事情上。

你得明确自己的首要目标是什么，并准备好对其他目标说"不"。具体来说，有以下几种做法。

- 对现有项目进行全面盘点，根据重要性和紧急程度进行排序，然后果断砍掉那些排在末尾、对整体战略贡献不大的项目。
- 在项目开始之初就明确哪些项目对你的战略来说不是核心，然后果断放手。
- 对于非核心项目，有些可以保留，但要清楚它们不是重点，给它们设个长期的时间表。虽然这种方法不如前两种那么推荐，但有时候你也别无选择（比如因为维护、依赖等原因），因为完全移除或终止它们可能比勉强维持还要花费更多的精力和资源。

拒绝虽然难，但为了给你的团队腾出时间和精力去完成关键的工作，你得学会说"不"。如果你是中层管理者，这可能需要花费大量精力，因为你得从下属那里收集信息，还要和上级沟通，解释为

什么需要砍掉某些项目。我通常的做法是，先与利益相关方进行深入的交流，了解他们最想要的是什么。然后，我会明确告诉他们，如果我们不排好工作的优先级，那些真正重要的东西就可能得不到保障。这种对话虽然一开始会很困难，但只要你提供的数据足够充分，态度又诚恳，把它看作一种合作，那么对话就会逐渐变得轻松。

第 17 章

如何缩小 PR 范围

对于管理者来说，帮助团队将庞大、复杂且抽象的工作任务，巧妙地拆解成更易于管理的小模块，无疑是一项极为宝贵的技能。通常，这些工作单元划分得越细致，处理起来就越容易。那么，我们为何要重视这样一个看似不起眼的"规模"问题呢? 其背后的原因是多方面的，但以下三点尤为重要。

- 能减少代码审查者的工作量。
- 小范围的工作更便于测试。
- 小步快跑，迭代起来也更加灵活和高效。

然而，帮助团队缩小工作范围这一技能并非与生俱来，它是我在工作实践中逐渐摸索出来的。如果你已有多年的管理经验，或许早已熟知如何缩小 PR（pull request，即拉取请求，该词还有其他叫法，如谷歌的 CL）范围。但对于刚踏入技术管理领域的新手来说，这一主题值得深入探讨，因为它确实是工作中不可或缺的一环。

接下来，我们将详细剖析缩小 PR 范围的三大原因。

17.1　小 PR 让审查者的工作更顺畅

想象一下，当你需要阅读并理解大量代码来进行评估时，是不是很容易遗漏些什么？站在审查者的角度考虑：他们的任务是确保以最佳状态完成代码的审核流程。所以，我们的首要目标就是减轻审查者的认知压力，让他们能清晰地把握所有变更的细节以及可能的风险点。

代码变更次数越多，所需的沟通也就越多，最终代码可能因变更范围过大而无人愿意接受。这就意味着，大 PR 不仅考验审查者的代码审查能力，还要求他们能够阐述变更的原因及具体实施方法。

以我个人的经验来说，作为审查者，时常会面对大量的代码提交，其中有些代码我认为是可行的，而有些则不然。在这种情况下，我需要仔细区分这些概念，并解释它们之间的差异，同时还要讨论迭代计划。虽然这样做是可行的，但无疑会给所有参与者带来不小的困扰，尤其是当沟通不畅时还可能对团队造成负面影响。因此，小 PR 的优势在于能够使沟通聚集，有效减轻沟通负担。

17.2　小 PR 让测试与迭代更轻松

大 PR 潜藏着更多难以察觉的副作用和变动的部分，这使得我们很难准确地把握哪些内容被修改了。相反，当 PR 的变动较少时，不仅测试策略更加明确，而且测试的范围也更容易确定。

想象一下，你手头有一个庞大的 PR，但测试很少，那你可能需要花费大量的时间来对比 PR 的内容和测试类型，以确保测试的充分性。

如果 PR 的变动部分较少，那么代码库中哪些部分可能受到影响也会一目了然。大 PR 往往会带来更多的潜在问题，让迭代变得困难。相比之下，在需要调整、重新审视或拒绝某些工作时，小 PR 无疑会更加灵活。这不仅减少了个人和开发者的时间投入，还降低了长时间走错方向而无法及时纠正的风险。

这种投入不仅仅是时间上的，还包括个人情感上的。当一个人在某项工作上投入了大量精力后，他可能会更加难以割舍，并且不太愿意接受他人的反馈。从商业角度来看，开发者的时间成本也是非常高的。如果缺乏沟通，埋头苦干了一周，却发现有些工作结果无法被采用，这对公司的业绩和产品交付能力都没有好处。

因此，要将工作拆分成较小的部分，这样你不仅可以更快地调整和沟通，还能更好地应对项目外部环境的变化和优先级的调整。你的队友也会更加信任你，相信你很快就能拿出后续的工作成果。你可能会惊喜地发现，他们愿意更快地审查你的工作，并将其纳入项目中。

17.3　任务拆解

为了有效缩小工作范围，我们可以尝试多种方法。接下来，我们将详细探讨实用的策略。

明确对产出的预期

这一点其实和工具关系不大，更多是关于人的沟通和理解。如果你的公司有项目经理（注意，这和产品经理是不同的角色），他们通常很擅长将大的任务拆分成更易于管理的小任务，并准确估算工作量和所需时间。当然，在某些团队里，这个任务可能更多地落在技术管理者或产品经理的肩上。

说到估算工作量，这绝对是个技术活儿。有时候，你觉得某个任务两分钟就能搞定，结果却花了几个小时甚至几天；有时候，你觉得要大费周章的任务，却出乎意料地很快就完成了。所以，我们得从结果出发，先明确我们期望从这项任务中得到什么。然后，再一步步倒推，看看这次变更会影响代码库的哪些部分。如果你对项目还不太熟悉，不妨找团队里有经验的同事帮忙，让他们帮你把把关，看看哪些部分需要更新。

如果条件允许的话，还可以把这些工作进一步细分为不同的任务。即使任务之间有依赖关系，通常也能找到一种方法把它们拆分成第一步、第二步……然后分步执行。特别是如果你采用了下面提到的分支模型，并且和代码审查者及时沟通，他们就会知道你将分批次提交工作成果，而不是一次性交出一个庞大的成品。

分支模型

采用分支模型时，你通过在各个分支上逐步推进工作，来清晰地展示你的工作进展。这些分支的命名通常与项目内容紧密相关，比如功能名或重构名，有时也会包含版本号，以便于识别和管理。分支模型的一大优势在于，你可以在一个地方进行频繁的操作，而不需要一次性完成所有任务。

当然，采用分支模型也需要团队之间的协调与配合。你的团队成员需要了解每个分支的工作内容和进度，避免在工作完成之前进行不恰当的合并。如果在某个分支上堆积了大量工作，为了确保合并时不会出现问题，你可能需要准备一些全面的测试来进行验证。

问题与 PR 标签的巧妙结合

在团队协作中，我倾向于让大家将分支与标签巧妙地结合起来，以更明确地界定工作范围。这种方法通常效果很好。想象一下，你和同事正在共同开发 1.0 版本路线图中的一个特定功能，你们分别负责该功能的不同部分。如果你们都采用相同的标签，但分别在不同的分支上工作，那么整个团队就能一目了然地看到每个人的工作进展，并确保所有相关的更改都被有序地追踪。这种做法意味着，每个人都能根据项目的整体进展以及各个小部分的完成情况，有条不紊地推进自己的工作。

功能开关

功能开关是个非常实用的工具，它能帮助我们逐步地检查、合并代码，并在生产环境中进行测试。记得在 Trulia/Zillow 工作的时候，我们就经常常用这个方法。通过在浏览器中设置 cookie，利益相关方不仅可以轻松地进行对照检查，而且还能保证在功能正式上线很久之前就开始进行分流测试，及时解决可能出现的冲突。当时，我们与其他团队紧密合作，我们一边慢慢地将新功能推送到生产环境，一边对其进行严密的监控。这种方法让彼此的协同变得非常有序。对于那些包含很多变动部分的大型功能发布来说，这一点尤其重要。

后来，在 Netlify 工作的时候，我们也充分利用了功能开关。在最近一次发布的"加速部署"[1]功能中，我们特别使用了一个名为 Flipper 的 Ruby Gem[2]。我们很喜欢在生产环境中进行测试，这个过程让我们从第一天起就能将新功能推送到生产环境，并利用遥测技术来实时监控变更的运行情况，确保一切都在掌控之中。

控制 PR 关注点的数量

我认为最有效的（也是我作为代码审查者所喜欢的）PR 的特点是：规模小、重点明确，将工作范围精确限定在最核心的问题上。当你着手工作时，不妨先思考一下，到底有多少事情在发生变化，并尽可能地使这个数量最小。有一篇深入阐述单一职责原则的文章[3]非常值得一读。它明确指出，每个模块或者类都应该只负责一个功能的特定部分。这一原则同样适用于 PR。

刚开始，你可能会觉得所有更改都需要一次性完成，但随着你对分支模型越来越熟悉，你会发现这其实并非必需。你可以在 PR 中附上说明，告诉其他人还有更多的工作正在进行中。

---

① 请参见"Announcing Faster Deploys for Large Sites"这篇文章。
② 请参见网页 GitHub-flippercloud/flipper: Beautiful, performant feature flags for Ruby。
③ 参见 Hugo Dias 在 Medium 网站上发表的文章"The Anatomy of a Perfect Pull Request"。

另外，在可能的情况下，每个 PR 最好只设定一个明确的目标。这样，下一次迭代就可以在这个基础上顺利进行。举个例子，如果你和队友在同时进行旧代码的重构和新测试的引入，那么对于审查者来说，这将是一项非常艰巨的任务。但如果你们能将这两项工作分成两个迭代的 PR，那么就更容易确保在修改完成之前，已有功能不会发生任何变化。

记录并跟进剩余工作

当你打算暂时搁置一些未完成的工作时，记录下这些剩余的任务就显得尤为重要。这不仅是为了方便自己，还能让你的队友、产品经理、项目经理等利益相关方随时了解进度。许多团队都会采用项目看板来跟踪这类工作，这样做也有助于团队全面回顾项目的整体进展。你可以参考图 17-1 中的 GitHub 看板，看看它是如何运作的。

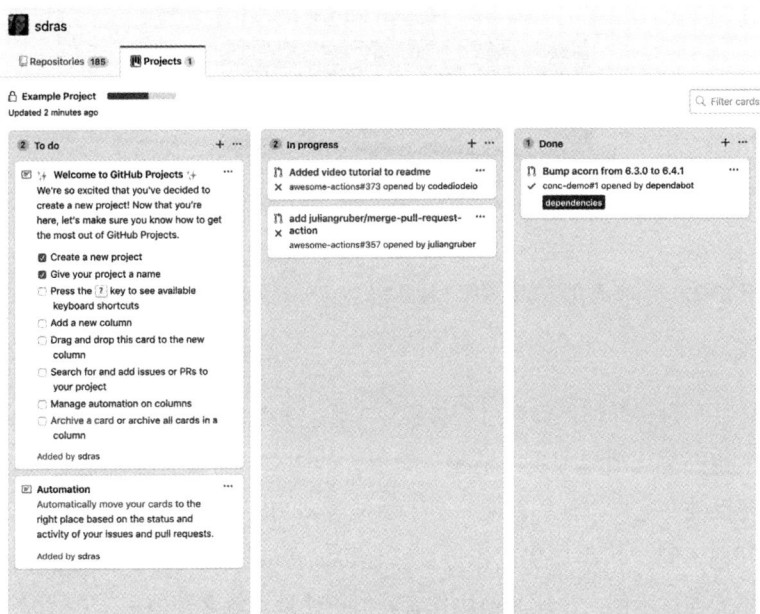

图 17-1： GitHub 看板实例。你不仅可以添加待解决的问题，还可以附上备注信息

像 GitHub 和 Jira 这样的工具还能为你提供自动化的辅助功能。比如，它们能为每个代码仓库自动生成项目看板。你可以参考图 17-2 中 GitHub 自动生成项目看板的示例。

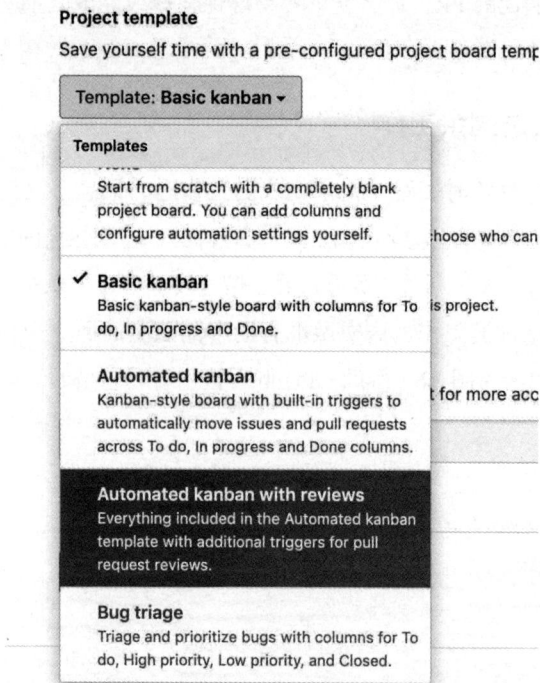

Project template

Save yourself time with a pre-configured project board temp

Template: Basic kanban ▾

Templates

Start from scratch with a completely blank project board. You can add columns and configure automation settings yourself.

✓ **Basic kanban**
Basic kanban-style board with columns for To do, In progress and Done.

Automated kanban
Kanban-style board with built-in triggers to automatically move issues and pull requests across To do, In progress and Done columns.

Automated kanban with reviews
Everything included in the Automated kanban template with additional triggers for pull request reviews.

Bug triage
Triage and prioritize bugs with columns for To do, High priority, Low priority, and Closed.

图 17-2: GitHub 提供的看板视图下拉菜单。你可以根据需要选择最适合的视图，自动生成看板

不过，即使已经通过看板跟踪工作，如果能在 PR 里直接列出一个待办事项清单或更改清单，对于你的同事或审查者来说也是很有帮助的。这样，他们就能一目了然地看到 PR 的范围，无须再去查阅其他资料，从而加快工作进度。你可以参考图 17-3，在提交 PR 时添加描述示例，这样其他协作者就能更快地了解背景信息。

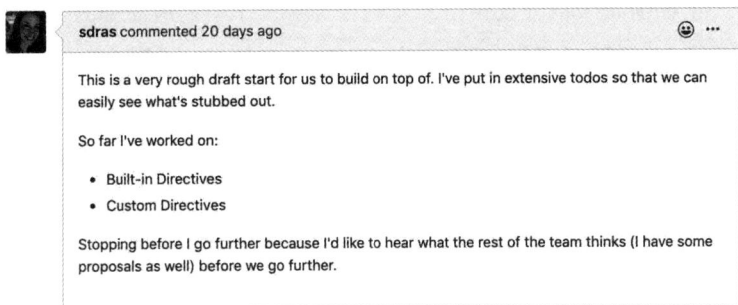

sdras commented 20 days ago

This is a very rough draft start for us to build on top of. I've put in extensive todos so that we can easily see what's stubbed out.

So far I've worked on:

- Built-in Directives
- Custom Directives

Stopping before I go further because I'd like to hear what the rest of the team thinks (I have some proposals as well) before we go further.

图 17-3： PR 核心内容的描述示例

另外，我还经常使用待办事项来跟踪工作。我会用 VS Code 的一个扩展程序 ① 来标记和突出显示所有 TODO（待办事项）注释，如图 17-4 所示。如果你的团队有不同的约定，你还可以对这个扩展程序进行自定义设置。

图 17-4： TODO 扩展示例，用于突出显示 TODO 和 FIXME 标记

---

① 请参见"VSCODE-TODO-HIGHLIGHT"这篇文章。

上面所提及的，仅仅是开发者在日常工作中追踪任务的一些基础手段。诚然，项目管理是一个博大精深的领域，它融合了多种多样的工具与技术。鉴于本书的定位，我们无法罗列所有的细节，但希望这里介绍的工具和方法能在编程实践中为你的团队带来实实在在的帮助。

多项任务并行处理

这项技能虽然有点儿复杂，但你在职场进阶过程中大概率会逐渐掌握。当你越来越擅长将庞大的工作细化分解时，会发现有时自己正处于等待小任务审核的空档期。那么，该如何利用这段宝贵的时间呢？其实，这正是有些人倾向于一次性提交大 PR 的原因，他们认为这样就可以不受审阅进度的影响，持续推进工作。然而，这种做法往往会在 PR 遭遇审核瓶颈时，给他们带来不小的麻烦。

随着你分解大项目的能力日益增强，你也会逐渐学会如何将工作巧妙地分割成多个相互独立的部分。例如，在一个个性化项目中，你可能不仅需要对导航栏进行调整，还需要更新侧边栏的数据。尽管这两部分工作有所关联，但提前规划好如何将它们分开处理，却能带来意想不到的好处：可以减少潜在的冲突，因为导航栏和侧边栏的调整工作不会相互干扰。这样，在等待导航栏 PR 审核的同时，你就可以着手处理侧边栏的工作了。这只是一个简单的例子，但它生动地说明了提前规划的重要性，即你能更高效地利用工作时间。

17.4 小结

在前一章里，我们深入探讨了 OKR 的重要性，它既能为我们勾勒出整体的发展蓝图，也能助力我们与其他利益相关方达成共识。但值得注意的是，OKR 本身并不能直接指引我们在团队的日常运作中细化任务。

为了更好地应对这一挑战，我们需要找到一座桥梁，将繁重的任务与我们实际提交的、用于更新代码库的 PR 连接起来。这样，我们就能在与团队的紧密合作中，更加顺畅地推进各项具体工作，确保任务被高效地执行。

第 18 章

追求高效执行

老实说，我这个人偏爱速战速决。就拿这本书来说，仅仅用了几个月的时间，我就把它完成了。同样，我带领的团队也以高效著称，总能迅速完成任务。但有一点要明确，高效并不意味着我们会在项目还未完成时就草率交差。在这一章里，我们将详细探讨实现高效执行的方法。

首先，我会谨慎行事，而且鉴于有如此多的东西需要学习，我认为迭代是有价值的。当我们讨论执行速度时，并不是在鼓励草率行事。相反，我们追求的是高效而稳健，既能稳步前进，同时又不会积累过多的技术债务。然而，要达到这样的速度并不容易，它需要我们在实践中不断摸索。要实现快速的迭代周期，关键在于合理地缩小工作范围，并准确地确定各项任务的优先级。这一点在上一章中已经有所提及。但除此之外，还有一些其他的重要因素也需要考虑周全。

18.1　明确方向是第一要务

在 Netlify 任职期间，我的好友何塞·冈萨雷斯（Jose Gonzales）担任产品总监，他常挂在嘴边的一句话是："速度快固然重要，但若方向错误，则会徒劳无功。"

如你所想，他是一位卓越的产品经理。诚然，仅仅依靠执行速度快，并不能使你的产品或公司脱颖而出。在大多数公司中，工程部门通常负责执行任务。因此，你需要与产品部门紧密合作，他们负责确定工作的目标和内容，而你则专注于高效地完成这些任务。如果你的公司没有专门的产品部门，那么你就需要同时承担这两方面的责任。但无论如何，都不能在没有充分思考和评估工作的目标和内容的情况下就盲目行动，这一点至关重要。

我们需要适时地抽身，从更广阔的视角去审视问题。

如果我们总是被手头的任务所牵绊，没有时间去思考更长远的规划，就可能陷入战术的泥潭，而忽视了战略的重要性。这样的工作方式不仅可能导致我们孤立无援，还可能引发疲惫和焦虑。同时，我们也会错失及早发现问题和减少技术债务 [1] 的机会。

18.2　什么是 MVP

近年来，快速迭代与 MVP（minimum viable product，最小可行性产品）的概念已成为行业标准。MVP，其实是对团队、产品乃至自己的一种拷问："我们能推出的产品的最小规模是什么？"

这恰恰是许多项目栽跟头的地方。我时常发现，大家对 MVP 的界定过于狭隘，以至于产品变得过于简陋，失去了最初吸引人的魅

---

[1] 请参见博客文章 "Good and Bad Technical Debt (and How TDD Helps)"。这是我所见过的对技术债务最为明晰的解析之一，并且它还附带了出色的可视化内容来辅助理解。

力。或者，即便魅力尚存，但由于适用场景过于有限，仅有少数人能用，因而显得不切实际。

要知道，客户的时间是非常宝贵的。如果他们在使用你的产品时感到困扰，那么即便你下次改进了，他们也未必会回来。当然，对于那些标有"beta 版"、面向开发者的产品，情况可能有所不同。有些开发者会愿意给你一次机会再试试，但其他人可能就不会这么宽容了。

这并不意味着你需要将 MVP 打造得无懈可击。一个恰到好处的 MVP 是开展用户调研与测试的理想工具，它能够在团队内部不断迭代和优化。但请记住，这其中蕴含着平衡的艺术。如果一味追求完美，可能会让团队疲惫不堪、利润减少，甚至错失市场良机。反之，若产品尚未成熟便急于将其推向市场，可能会让客户失去对我们的信任。即使后续我们觉得产品已经完善，他们也未必愿意回归。

MVP 还潜藏着一个内部风险。有时候，当利益相关方看到 MVP 发布时，会在你完成最终迭代之前就催促你开展别的工作。为什么会这样呢？一个残酷的事实是：有时 MVP 可能并未完全契合你最初的构想；有时你会被否决，这并非出于恶意，而是因为存在相互竞争的优先事项；有时这种情况会在工程层面产生一些技术债务，而这些本是你曾承诺工程师日后会有机会清理完善的事项。

面对这些冲突，有很多不同的解决方法。就像你绝不要下注超出自己愿意或能够承受的金额，你也绝不应该发布一个自己不满意的 MVP。

18.3　如何加快行动步伐

要想提速，单靠口头上的"快点儿"可远远不够，这事儿远比想象中复杂。那么，我们究竟该怎样才能让行动更加迅速呢？

不妨换个角度思考。我先问你一个问题：在学校时，哪位老师让你印象最深刻？很可能，这位老师并不是教你最喜欢的科目的那位。说不定，正是因为这位老师的引导，你才对那门课程产生了浓厚的兴趣。这样的老师，往往对所教内容充满热情，不仅理解深刻，还总能激情洋溢地传授给学生。技术管理其实也能借鉴这种模式。

一个团队，如果成员充满动力、彼此信任且有安全感，全面掌握技术栈，并与公司目标保持高度一致，那么其执行力必定高于缺乏这些条件的团队。这些条件与执行效率紧密相关。接下来，我们细细品味上面这句话，将其中的特征转化为实际行动的指南。

- **评估团队动力**
  - ➤ 团队是否正面临来自外部环境的挑战？如果是，那么忽视可能并非上策，正视问题的存在并给予关注才是合适的做法。比如疫情期间，每个人可能都因无法抗拒的原因而感到不安，我们对此要给予充分的理解。他们或许需要一边工作一边处理家庭事务，这是以往不曾有的情况。因此，与利益相关方积极沟通，灵活调整时间安排，就显得尤为重要。我们要寻找合理的解决方案，并时刻铭记，团队成员是人，而非冷冰冰的机器。

- **评估心理安全感**
  - ➤ 团队成员是否期待自己的工作能得到及时的审核，从而顺畅地推进项目？他们是否觉得代码审核是一件令人烦恼的事情？他们之间是否建立了足够的信任，相信彼此能够给出真诚且有益的反馈？此外，这个反馈的过程对他们而言是迅速高效还是拖沓冗长？
  - ➤ 当团队成员对团队的方向产生疑虑或担忧时，他们会如何应对？是否会主动站出来表达自己的看法？是否对每一个细微的问题都过分敏感，以至于陷入无尽的纠结之中？

> 当团队成员讨论事情时，是出于对个人职业发展的考虑和满足自尊心的需求，还是真心实意地想要改进当前的项目？如果团队成员在执行任务和参与审核时更注重个人表现，而忽视了支持项目整体的顺畅推进，这可能是团队文化出现问题的信号，需要及时解决。一个快乐且高效的团队，会致力于寻找最优的技术解决方案，而不是仅仅将目光放在个人的荣耀上。

- **评估技术栈与团队需求的契合度**

  > 当团队成员在进行代码修改时，他们能否确保不会引发一系列连锁反应，进而保证系统的其他部分依然稳定运行？

  > 我们的技术栈是否与时俱进，足以支撑团队成员根据项目需求，灵活选用最新的编程语言和库？

  > 为了提升代码审查的效率，避免在风格细节上过多纠缠，我们是否已经制定了清晰明确的语言和风格指南，并配备了相应的代码审查工具？

  > 在整个系统或应用程序中，是否存在某个部分或功能，是大家普遍抱怨或不满意的？如果给技术栈绘制一张地图，它上面是否标记了"需谨慎"的区域？

  > 我们是否已经配置了合适的持续集成／持续部署系统或其他高效工具，以确保团队成员能够专注于核心工作，避免被琐碎事务和频繁的上下文切换所困扰？

  > 最重要的是，是否存在任何一个人能够轻易且在不经意间就让生产环境或共享的本地环境陷入瘫痪呢？这种潜在的风险还会对团队成员的心理安全感造成威胁。

- **使团队目标与公司目标保持一致**

  ➢ 我们为何要做这件事？背后的动机是什么？

  ➢ 这对公司的业务为何如此重要？

  ➢ 如果我们不这样做，将会面临哪些风险？

进行这类评估，并认真审视你可能需要研究的流程和人力工作，这在某种程度上是一种亏本赚吆喝的做法：你可能需要花费时间来建立信任，并让一个系统良好运行，但最终它会带来丰厚的回报。

事实上，团队展现出的交付能力越强，与其他组织建立的信任就越深厚。无论是与产品团队、销售团队还是市场团队合作，建立信任并成为一个可靠、值得依赖的伙伴，对于公司内部的良好协作来说具有深远的影响。此外，当团队遇到困难时（这是每个团队都难以避免的），这些合作伙伴会给予我们更多的耐心和理解。

第 19 章

平衡产品研发与工程技术
的时间投入

在我曾就职的每家公司里，时间总被划分为两大部分：一部分用于推进产品的研发工作，另一部分则专注于工程技术本身。这两者的比例并非一成不变，有时产品工作可能占七成，工程工作占三成；而有时，两者则几乎平分秋色。这样的时间分配策略，旨在确保工程团队在致力于开发新功能的同时，也能有足够的时间和精力去处理那些属于他们"自己"的任务，比如解决积累的技术债务、对系统进行必要的升级，以及完善代码文档等。

问题在于，虽然一开始明确时间与任务的分配听起来很简单，但真正将其落实到位是另一码事。我见过这种模式失败的案例，并非大家不认可其理论上的价值，而是在实际操作过程中，往往会遇到一些常见的难题。

- **产品研发工作本身会产生冲突，这些冲突可能源于工作内容，也可能源于时间安排。冲突有可能导致产品团队与工程团队**

之间的关系变得紧张。如果任何一方对突如其来的变动缺乏准备，那么身为团队一员的你可能会发现自己的工作变得越来越受限。

- **工程师可能并不清楚对他们的具体期望是什么。**并行处理多项任务往往是一项艰巨的挑战，因此，建立一套完善的流程可以帮助每个人明确职责和期望。
- **明确维护路径至关重要。**你是否计划进行一次大规模的系统升级？这样的决策可能会对其他团队产生长远的影响。如果最终的责任归属不明确，那么这个问题可能会在未来某个时刻反过来困扰你。

尽管在工程工作中享有一定的自由度是好事，但与产品团队保持密切的沟通，建立一套清晰、明确的流程，并对产品设定合理的预期，可以帮助你避免上述问题。在本章中，我们将从技术管理者的视角出发，探讨一些可能遇到的情况，以便你找到一条既高效又实用的前进道路。

19.1　沟通的技巧

当你明确了要解决的问题后，紧接着，**编写一份精练的一页纸概述**，并与利益相关方分享，这是极为关键的。这份概述应简明扼要地说明工作的本质、所需时长及其重要性。

面对大型项目，你还可以进一步将这些任务细化为 GitHub、GitLab 或 Jira 中的问题，并为每种工作类型打上标签。这样的做法十分有益，因为你能利用熟悉的项目管理工具，清晰地提升每周的工作产出和期望值。同时，与产品合作伙伴保持对工作范围和性质的坦诚沟通，也有助于避免意外的发生。当然，这种沟通的具体方式会因团队和组织文化而异。

此外，定期沟通也有助于让你的工程师明确方向。如果他们理解了工作的性质以及对他们的期望，那么他们就能更容易地应对工作中的各种小问题。

在实际操作中，你可能会发现，从专注度的角度来看，并不是每个工程师都需要同时参与项目中产品和工程两部分。他们可能更倾向于进行分工，比如，三个人负责几周的产品工作，而另一个人则专注于工程工作。当然，有时候需要全员参与，以确保每个人在组织或制度方面的认知同步（例如，在某些迁移项目中，这可能尤为重要）。具体如何安排，还需要根据团队规模、产品工作量和项目类型来灵活调整。

还有一种情况，沟通在其中也起着重要作用。当你感到迷茫，找不到正确的路径时，不妨邀请一小群人进行头脑风暴，共同探讨如何完成任务。在讨论的过程中，你要确保每个人都深刻理解了这个项目的重要性。

19.2　技术债务

可以将技术债务视为解锁团队潜能的一种方式。当开发一项新功能时，如果工程进度放缓，不仅会拖慢产品研发的节奏，还会造成工程师人力成本的浪费。

少量技术债务的存在是合理的，尤其对于小公司而言，快速推进业务在财务上更为合理。然而，技术债务累积到一定程度，会严重阻碍开发工作和版本发布，还会导致代码库变得不稳定。为了确保团队的高效工作，有时需要立即承担技术债务，而有时技术债务是逐渐累积起来的。

在实际工作中，技术债务的问题往往是通过基层开发者的反馈浮出水面的。这是因为与系统直接打交道的开发者，通常比技术管理者更清楚日常技术债务的存在。技术管理者面临的挑战在于如何识别更大范围的问题，尤其是多个人同时抱怨同一件事，而不仅仅是一个人持有强烈意见时。因此，在开始新项目之前，广泛征求意见是很有帮助的。可以调查一下团队成员觉得每周浪费了多少时间，以及是否有更好的替代方案。

有时候，解决技术债务需要进行大规模的重构工作。**我发现，当团队成员对需要哪种类型的 PR 有明确的认识时，事情进展得最为顺利**。比如，是需要在数百万个地方更新 CSS，还是需要将旧的类组件转换为钩子函数？我们当然不希望为所有工作创建一个庞大的 PR，但按组件逐一拆分也不合理。因此，团队应该共同商讨每个 PR 应包含的工作量以及**预期的代码审查范围**，以确保在工作进行期间不会出现"审查漏洞"。

19.3　创新项目

许多企业会举办"黑客周"或"创新周"等类似活动，为开发者提供一个自由发挥的空间，让他们能够针对公司产品的某些相关功能进行研发。这样的时段无疑是探索与创新的黄金时间，我亲眼见证过一些知名应用正是通过这种方式增添了强大的新功能。同时，团队看到自己的创意变为现实，也会感到无比振奋。

> **注意**
>
> 在工程师的日常工作时间穿插这类项目，有时可能会让产品团队感到被忽视。至于其原因，我们可以从产品团队的角度来理解。他们的职责是提出功能需求，与利益相关方共同规划，制定路线图（这通常基于公司的各项指标和研究），并将其纳入工程计划，与项目经理紧密合作以确

保实施。如果工程师将大量时间用在产品规划之外的功能开发上，那么可能会打乱现有的项目计划，偏离既有的研究，或是单纯拖慢产品团队推进关键功能的速度。

我见过的成功做法是，技术管理者在项目开始前就与产品团队进行充分沟通。这应当被视为一种紧密的合作：如果产品团队认为某个功能不合理，他们很可能有充分的理由。只要双方都能耐心地倾听对方的意见，那么很可能就能找到一条双方都认可的前进道路。

在处理创新项目时，关注并解决员工的担忧同样至关重要。员工是否担心在紧张的日程中无法腾出足够的时间来进行创新工作呢？不妨直接询问团队，在日常工作量减半的情况下，他们预估这个项目需要几周的时间来完成（当然，要预留出一定的调整空间，因为随着工作的深入，所需时间可能会有所变化）。同时，要明确地向所有人传达一个信息：我们并不期望大家超速推进项目。

说到底，良好的沟通才是关键。理想中的创新项目应该是小巧精悍的，不会干扰日常工作，而且可以与日常工作并行开展。我的建议是，不妨先从一个小项目开始尝试，看看在推进过程中可能会遇到哪些挑战，同时借此机会与产品团队建立信任。产品团队需要确信，哪怕是在进行创新项目的同时，你们依然能够保质保量地完成日常工作，而不会偏离正轨。

最后，还需要明确一点，那就是要弄清楚谁来负责项目的指标和成果。产品团队之所以能够决定项目的方向，其中一个重要原因就是，当项目失败时，他们需要承担相应的责任。作为技术管理者，你要确保自己能够对项目的结果负责，无论好坏，这样才能与产品团队保持良好的合作关系。

19.4　缓慢、持续进行的工作

缓慢、持续进行的工作或许是最为明确清晰的项目类型，而且很可能极少受到来自各方的阻力。这类工作的例子包括内部文档的编写、工具的开发（若没有成立专门的工具团队的话）以及小规模的维护工作等。

与其他项目相比，这类工作所需的沟通方式略有不同，因为你不一定是要完成并交付一个有明确范围的项目；相反，这是一个不断迭代的过程。以文档编写为例，我建议在任何功能的开发流程中都安排出编写内部文档的时间。

想象一下，你开发了一个新功能，旨在促进团队间的协作。然而，公司内部并非所有人都知道你为这个功能创建了一个微服务，并且任何团队都可以使用，也不是所有人都清楚需要哪些参数，或者如何在未来增添新的功能。内部文档存在与否，可能直接决定了这个服务是否会被广泛使用，以及在使用时你的团队是否每次都需要与他人协作。更糟糕的是，你的同事们在使用时可能会尝试自己摸索，这会把原本可以更快、更高效完成的工作弄得一团糟。

与创新项目相比，缓慢、持续进行的工作通常并不是人们真正热衷的，因此，从一开始就明确流程和期望至关重要。虽然内部文档有时会被忽视，但它是团队高效运作中不可或缺的一环。它有助于对新员工进行入职培训，让团队成员对系统架构有共同的认识，甚至可以帮助开发人员明确他们正在构建的内容，并深入思考他们所要解决的问题。

19.5　迁移项目

迁移项目与其他类型的项目有所不同，其特殊性在于它往往会影响每一个人。处理迁移项目并没有单一的正确方法，具体过程在很大程度上取决于迁移的类型——从一个框架迁移到另一个框架、拆分单体应用程序，以及迁移到不同的构建流程或服务器，所有这些情况可能都需要采取不同的方法。鉴于每种迁移的复杂性，详细阐述每一种类型可能都需要单独写一本书，因此，以下仅提供一些适用于所有迁移项目的一般性建议。

- **首先，在开始任何迁移之前，尽可能做好充分的调研**。虽然无法预知所有细节，但你肯定不希望在迁移过程进行到一半时才发现某些关键问题。这些信息对利益相关方来说同样非常重要。

- 如果公司内部对迁移方向存在分歧，**不妨设定一个时间框架，集中力量解决这个问题，并确保最终有一个明确的决策者**。技术问题往往没有绝对正确的解决方案，因此，让一个负责人拍板决定，其他人遵从，可能是一个更为高效的方法。但在这一过程中，也要确保每个人都有机会发言，即使他们的意见不同，也可能会为你看待问题提供新的视角。

- **接下来，制订一个详细的迁移计划，包括总体目标和具体的实施步骤。然后，分析迁移对每个团队可能产生的影响**。这是向产品团队阐述迁移重要性的绝佳机会：是代码库已经过时，无法与其他库或工具顺畅兼容？还是新的构建流程能够帮助工程师节省发布时间？帮助产品团队理解迁移的紧迫性和必要性。

- 在迁移过程中，**要明确维护和归属权问题**。如果一个团队的迁移行为给另一个团队带来了麻烦，那么谁来负责解决问题？这应该在问题出现之前就明确下来。

- 某些迁移路径允许你循序渐进地开展工作，或者也可以在正式迁移之前就能完成大部分工作。但通常会有一个关键时刻，需要所有人齐心协力。与其他可以并行处理的任务不同，**迁移可能需要你与产品团队协商，暂时搁置其他功能的开发**。如果你与产品团队保持紧密合作，你可能会发现，在某些时候，客户需求自然会有所减少，这样你就有了缓冲时间来完成迁移。如果产品团队愿意让你暂时将全部精力投入迁移，你也要在迁移完成后，全力以赴地投入产品工作以回馈他们的支持。

19.6 庆祝时刻到了！

这最后一步，或许有人会觉得可有可无，但在我看来，它可是重中之重。你们的团队刚刚携手取得了一项令人瞩目的成就：大家齐心协力，与产品团队紧密配合，为整个工程部门立下了汗马功劳。就像我们庆祝产品发布那样，庆祝迁移工作的圆满完成也同样重要。

团队需要感受到，你对他们的工作是高度认可的。这项工作虽然常常显得平平无奇，但它的影响力是深远的。它不仅能加深团队之间的信任，还能为团队成员的职业发展添砖加瓦。所以，作为团队的一分子，一起庆祝团队取得的成就，成本不高，却能极大地提升组织的文化凝聚力。

第四部分

你的工作

第 20 章

宏观的优先级规划

在日常工作中，我们会面临无数的决策，有各种任务需要投入精力，还要耗费时间决定任务的优先级，甚至累到精疲力尽。

这种现象叫作"决策疲劳"。大量研究表明，当难以做出明确的决策时，我们可能会做出不理智的选择。看不清重点，不仅会影响我们的判断力，还可能让我们在购物等日常决策中犯错[①]。比如，在商场里做了一连串的决策后，你更可能冲动地买下一些原本并不需要的商品，这也是为什么收银台旁的货架总是摆放着各种吸引人的小物件。你在商店的每个选择都消耗着你的决策力，等到大脑感到疲惫、精力接近枯竭时，一本看似无趣的杂志或是含糖的小零食，都可能轻易诱惑到你，让你不假思索地买下。

---

① 请参考"The Effect of Ordering Decisions by Choice-Set Size on Consumer Search"这篇文章。它从科学的角度，解答了为什么人们在辛苦工作一整天之后，明知道厨房里的小零食吃了会导致胃疼，却还是难以抗拒它们的诱惑力。

同样，这种情况也会出现在对工作优先级的设定上。如果我们不能时常停下来反思，不建立一个宏观的规划体系，那么每周我们都需要重复面对那些琐碎的决策，这会大量消耗我们的精力和认知能力。而对于管理者来说，保护这种认知能力尤为重要。

被无数的选择、决策和会议所淹没，并不是一夜之间发生的事情。这种压力通常是逐渐累积的。因此，将工作优先级的设定融入到我们的日常工作和生活中就显得尤为重要。

那么，该如何确定哪些工作最重要、应该优先处理，甚至哪些任务值得我们投入精力呢？ 在本章中，我们将探讨如何轻松应对繁多的待办事项，以便高效行事，并且明确自己的工作方向。

如果你感觉自己的待办事项清单已经失控，仿佛它在主宰你，而不是你在掌控它，那么请继续阅读本章内容，让我们一起找到解决之道。

20.1　价值观导向的优先级设定策略

想要更明智（而非盲目）地安排任务的优先级，你需要暂时放下手中的待办事项清单，腾出些时间来深入思考。

对自己坦诚非常关键，因为我们投入精力的工作实际上是我们价值观的体现。 偶尔加班或许不算什么，但这样的选择总会有所牺牲。比如，你可能会减少陪伴孩子的时间，或许与朋友的相聚变少了，又或许你会牺牲睡眠时间或破坏健康的饮食习惯。

同样，如果你选择不投入太多精力工作，那就意味着你更看重职业以外的东西，这也无可厚非。但这样一来，你可能就无法全力支持你的团队了。

你所投入时间的地方，既体现了你重视的方面，也反映了你不重视的方面。因此，我们至少应当努力做到让自己的时间分配与个人价值观相吻合，并且确保这是基于自我意识的主动选择。这需要我们首先从全局视角进行考量，然后逐步细化，直到明确每一天应该做些什么。

Hell Yeah or No 这本书精准地捕捉了这一核心理念。作者德里克·西韦尔斯（Derek Sivers）深入剖析道：

> "你的实际行动往往透露出你内心真正的渴望。面对这一点，有两种明智的应对方式：
>
> 首先，别再对自己说谎，勇敢地承认你内心真正在意的是什么；
>
> 其次，着手去做你一直声称想要做的事情，通过实践来检验这是否真的是你的心愿。"

作为管理者，妥善地安排个人时间尤为重要，这样不仅能最大化地提升工作成效，还能确保我们的行动与内心真正看重的事情相契合。然而，知易行难，这并非一蹴而就的事情。

每个季度，我都会对自己承诺要完成的各项任务进行一次全面的梳理。我会把它们一一记录下来，并设立四个象限，用以归类我所有关心的事务。就我个人而言，这四个象限分别是：助力技术社区发展、维护一对一的人际关系（涵盖同事、朋友及家人）、创造经济收益，以及我个人觉得能带来成就感的事情。

随后，我会把所有进行中的任务归入这四个象限，并观察每个任务分别占据了几个象限。对于有些任务，我会在相应象限中计算两次来增加它的权重，以突出其重要性。图 20-1 以网格形式展示了这四个象限。

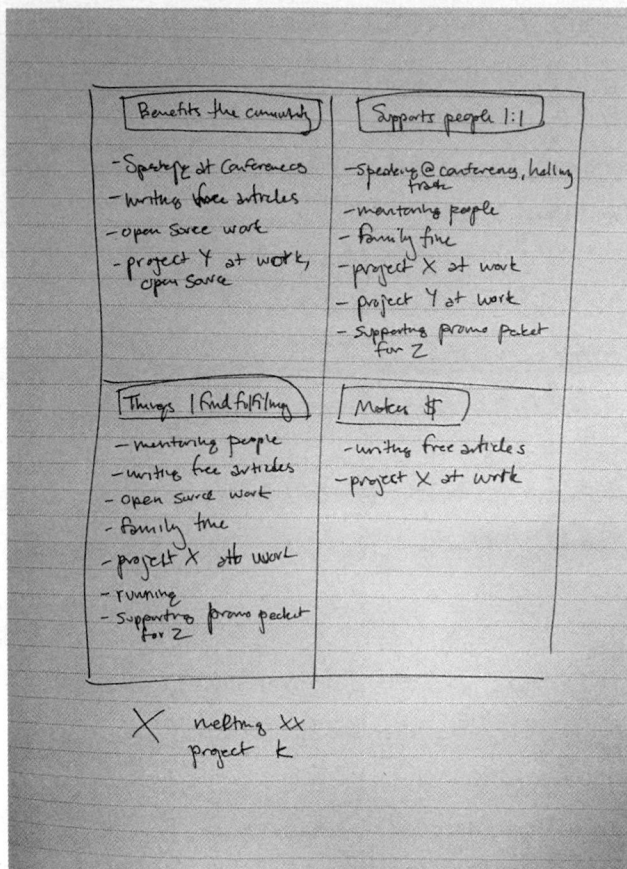

图 20-1： 一个季度网格练习的示例（为了便于说明，我对自己的网格
进行了简化和概括）

以下是我的一些关键发现。

- 撰写文章是极为罕见的一种活动，在所有的象限中都有所体现。

- 指导他人属于两个象限：一是维护一对一的人际关系，二是
我个人觉得能带来成就感的事情。

- 开源工作同样属于两个象限：一是助力技术社区发展，二是
我个人觉得能带来成就感的事情。

对于那些只属于一个象限的任务，我需要重新审视它们的价值。而那些不属于任何象限的任务，则可能需要剔除。

这样的分析让我更加明确，我应该将精力投入哪里，不应该将精力投入哪里。有时候，我可能会被日常的琐事所困扰，难以看清真正重要的方向。但通过这样的练习，我能够更加清楚地反思自己的价值观是什么，以及如何根据这些价值观来合理地安排任务。

有了这样的认识，接下来的优先级排序就变得相对容易了。我现在能够更准确地判断，我的努力在哪里能够真正得到回报，在哪里可能是在浪费时间。这样的区分让我在做决策时更加从容，不再那么容易感到疲劳。

当然，这只是众多基于价值观进行宏观优先级排序的方法之一。重要的是找到一种适合你自己的流程，并坚持定期执行。同时，也要记住，你的价值观可能会随着时间的推移而发生变化。因此，保持开放的心态，勇于质疑和调整是非常重要的。

现在，我们已经明确了如何在宏观层面规划优先级，接下来让我们谈谈如何更好地安排日程吧。安排日程这件事甚至可能会成为你最优先要处理的事项之一，即便你有助手来帮你打理。下面我们来更深入地分析一下这个问题。

20.2 价值观导向的日程安排策略

大约一年前，我发现自己的日程表被安排得密不透风，连吃午饭和稍作休息的时间都挤不出来。那时，我意识到自己必须做出一些改变。

我一直想不通，为什么我的日程安排总是那么紧凑。诚然，生活中有诸多事务要处理，这确实需要不少协调，但总不能无休止地这样下去。每周的工作都像是一场必须咬紧牙关才能完成的挑战，我总盼着只要熬过了这一周，下一周或许能轻松些。

后来，我有幸与 Netlify 的执行教练惠特尼·斯塔福德（Whitney Stafford）合作。她让我做了一份详细的表格，列出我的价值观、工作重点和正在进行的项目。同时，我还记录了所有常规的一对一会议、跨级会议、定期会议和周期性会议。最后，我按照优先级顺序排列了这些会议。

我向她解释，一对一会议和团队会议（包括直接向我汇报的团队以及管理层团队）是我工作中最为重要的部分。如果我不全力支持这些团队，那么我不仅没有尽到自己的职责，还会因为缺乏来自团队的信息，而无法与其他人有效地协调他们的工作计划。

你的价值观应该体现在你的日程安排上。如果你声称家庭对你最重要，却没有为家庭成员留出时间，那么你就是在无视自己的价值观。同样，如果你声称创造一个充满支持与关怀的工作环境对你至关重要，却从不花时间与团队交流，那么你的价值观与实际行动就是脱节的。

因此，在我们的日常工作中，寻求一种持久且动态的平衡是至关重要的。这绝非一次性努力就能达成的，而是需要我们持之以恒地进行调整与优化。尽管如此，通过合理地规划日程，我们仍能在多数情况下避免那种手忙脚乱、应接不暇的状态。

若你缺乏专业导师的引领，不妨借鉴一下我从惠特尼那里获得的宝贵经验。

- 回顾我们之前探讨的价值观导向的优先级设定策略，特别是那些属于最多象限的项目。
- 趁着这些信息还在你脑海中清晰可见，将日程表中所有的定期会议都列出来，并整理成一份清晰的列表。
- 根据参会者的组织结构将会议梳理出来，并按照优先级进行排序（而且不要把和你自己团队的会议排在最后）。

- 仔细审视这份会议列表，思考哪些会议的频率可以适当降低，甚至取消，并及时与相关人员沟通你的决定。
- 对于那些临时召开的会议，也应采取同样的处理方式。同时，别忘了记录会议的核心议题。你是否注意到，有时我们会为了同一件事而多次开会？如果是这样，或许你可以考虑将这些会议合并，以提高效率。另外，如果你经常与某人既召开临时会议又进行一对一的交流，那么是否可以将二者合并，从而避免不必要的重复呢？

接下来，我们聚焦于如何规划专注时间。

- 明确你每周需要多少时间来专注于工作。
- 留意并记录下你在何时进行"独处思考"最为高效，何时更适合进行"会议讨论"。就我个人而言，我上午的社交精力最为旺盛，下午则是专注工作的黄金时段。当然，这可能因人而异。
- 同时要注意合理安排休息时间。过去，我常常连续安排一整天的会议，结果让自己累得喘不过气来。现在，我倾向于在每 1.5 小时的会议后，安排 30 分钟的休息时间，当然，这个时间也可以根据实际情况灵活调整，比如有时我会选择两小时休息一次。

根据个人精力优化日程安排

在我的职业生涯里，不乏因会议安排零散、会议间隔过于短暂，短到不足以让我静下心来专注于代码开发，结果只能靠晚上加班来弥补。这样的工作模式不仅不是成功之道，还容易让人疲惫不堪。

当我最初踏入谷歌的大门时，曾有人好奇地问我，为何员工能在这家公司长期稳定地工作。我个人的见解是，谷歌的企业文化是让员工合理地安排休息时间与工作时间，它尊重每位员工的个人时间，除非遇到紧急情况，否则并不鼓励周末加班。这与我之前任职的初创企业甚至是某些大型企业形成了鲜明对比。长远来看，重视休息与工作的平衡，对于降低员工流失率具有不可小觑的影响。

在亚历克斯·塞克斯顿（Alex Sexton）所撰写的 "The Productivity Cycle"[1] 一文中，他提出了根据个人精力进行工作规划的建议，并强调了留意自身精力周期的重要性。这个想法太睿智了！尽管下面的内容并未完全遵循这套体系（但仍强烈推荐读者深入阅读此篇充满智慧的文章），但我们将秉承其核心思路，即调整我们的日程安排，顺应自身的自然精力周期，而非强行调整精力以适应日程安排。

首要任务是进行自我觉察。 建议连续两周，悉心记录每日精力水平的变化。在每项任务旁，以✅表示精力充沛，以━表示精力平平，以🚫表示精力匮乏（当然，你也可以根据个人喜好选择其他符号来标记）。通过观察与记录，我们可以逐渐发现精力变化的规律，比如何时容易感到疲惫、何时最为专注，以及何时更适合投身于社交活动，何时更适合独处静心工作。对自我了解得越深入，未来规划工作便越能得心应手。

接下来，我们可以将观察到的精力模式巧妙地融入日程安排之中。 对于精力匮乏的🚫时段，应尽量安排休息时间，可以在日程中设置半小时的"勿扰时段"，确保自己不受外界干扰。而在精力充沛的✅时段，则适宜安排更加重要的需多方参与决策的会议。

工作情境切换与相似任务批量处理

在条件允许的情况下，我倾向于把相似的任务安排在同一时间段内完成。随着你在管理层中的位置不断提升，你需要处理的项目

---

[1] 这篇文章的优秀之处不仅仅在于提出了一个杰出的理念，更令人印象深刻的是作者所展现出来的深刻的自我反省。

也会变得更加多样。如果针对某个特定项目需要召开多次会议，那么集中安排这些会议是一个明智的选择。这样做不仅可以避免你在不同情境间频繁切换，还会减少会议之间信息的遗漏。同时，这也能防止你频繁地在各个议题之间切换，这种切换往往会让人感到十分吃力。因此，将基于相似项目的会议集中安排在一起，可以有效地减轻认知负担，帮助你保持专注。

另外，我也喜欢集中安排一对一会议。当我管理的团队规模较小时，很容易将所有的一对一会议集中安排在一起。我可以选择一个自己精力充沛的时间段，以饱满的热情来应对这些会谈。

然而，随着团队规模的不断扩大，这种安排方式已经不再适用。于是，我开始尝试将有相似主题的一对一会议分组处理。如果你正在负责某个特定功能，那么可以试着将所有参与该项目的人员的一对一会议安排在一起。如果你本周晚些时候有一个涉及大量协调的会议，那么至少在会议前一天，集中安排那些能为你提供关键信息的一对一谈话，这样你就能提前掌握所需信息，做好充分的准备。类似其他的情况，这里不再一一举例。

20.3　制订宏观的日程规划

现在，我们已经掌握了所需的数据，接下来就可以为每周的日程安排制订更宏观的规划了。我们可以按照日程表允许的节奏来安排项目会议、团队同步会议和一对一会议，这些安排既要反映出我们的工作重点，又要留出专注工作的时间、休息时间，还要为突然召开的临时会议预留出空间。为了避免频繁地在不同工作任务之间来回切换，我们可以为相似的项目安排连续的会议时间。对于那些至关重要的工作，我们可以投入更多的时间和精力；对于那些不太紧迫的事项，则可以适当减少沟通的频次。

这个宏观的日程规划需要随着项目的进展和组织的变化，每季度进行一次评估和调整。同时，你也可以根据实际情况，灵活调整自己的专注工作时段。

20.4 拥抱生活，接纳其不完美之处

当你能够合理地设定事务的优先级时，你的时间规划不仅能够减轻你的工作压力，还能让你在有限的时间内尽可能高效地完成更多的工作。设定优先级的意义在于，它能让你专注于那些让你感到充实和有成就感的任务，舍弃那些无关紧要、消耗你精力的任务。这正是我们追求的理想状态。

同时，我们也要学会对自己宽容一些。毕竟，没有人能够面面俱到，完美平衡只是一个理想状态，现实中很难实现。

我们在生活中努力设定优先级，追求秩序，但这并不是为了给自己增添压力。所以，请放下心中的自责和苛求，让自己轻松一些。

本章为你提供了一些实用的工具和方法，希望能够帮助你厘清生活中的纷扰，找到属于自己的秩序。但生活总是充满了变数，有时平静，有时混乱。当生活无法保持你期望的完美状态时，请学会原谅自己，用你手中的工具尽力去应对就好。

第 21 章

日常工作的优先级规划

前面已经探讨过如何明确宏观层面的目标和日程规划。接下来，我们将聚焦于如何为日常工作设定优先级。

要制订日常工作计划，第一步就是全面梳理你的所有任务，无论大小轻重。如果让这些任务一直在脑海中盘旋，你就会因为繁重的待办事项而感到压力巨大。因此，不妨将它们都"倾倒"出来，记在纸上或电子设备上。你可以选择使用笔记本、手写的待办清单，或者像 Notion、Evernote、Clear 这样的应用程序来记录，具体方式完全取决于你的个人喜好。

现在，你已经准备完毕，可以着手为一天的工作安排优先级了。

21.1　任务优先级规划

> "只需静下心来动手去做，你就会发现自己能完成的任务量是多么惊人。"
>
> ——克里斯·科伊尔（Chris Coyier），
>
> CSS-Tricks 创始人，CodePen 联合创办人

在我们的日常任务清单中，有一些任务目的明确，只需直接行动即可。这些任务的必要性毋庸置疑，它们往往是他人工作的基础，或是我们未来任务的前提条件。对于这样的任务，设定优先级要简单许多。然而，当面对那些纷繁复杂、难以一眼看出轻重缓急的任务时，我们又该如何合理地安排优先级呢？

在着手处理任务之前，我首先会采取的策略是将大型、复杂的任务细分为若干个小任务。这样的分解方式对于我安排工作顺序大有裨益。

1. 首要处理的是那些火烧眉毛或时间紧迫的小任务；

2. 接着是那些能够迅速搞定、不拖泥带水的小任务；

3. 然后是需要专门规划一段时间来集中精力完成的小任务；

4. 最后则是那些可以暂时放一旁、待有空闲时再处理的小任务。

之所以选择优先处理小任务，其中一个重要原因就是**保持工作热情至关重要**。每当我成功完成一项小任务，都会获得一种成就感，它如同一股动力，驱使我更加积极地投入到接下来的工作中。高效工作的感觉真的很棒，每完成一项任务都像是对自己的一次小奖励，让多巴胺释放，带来一丝愉悦。

此外，我还会特意把已经完成的任务也列在清单上，虽然这听起来可能有些奇怪，但这样做确实能让我更加清晰地看到自己的成果，从而更有动力继续前进，勇敢地面对那些更为复杂和艰巨的任务。

21.2　任务排期规划

我个人偏好使用 Notion 中的周计划功能来精心安排各项任务（具体可参见图 21-1）。每周伊始，我会将本周打算完成的所有任务悉数列出，随后根据每项任务的最佳执行时间，将它们逐一分配到每一天。每当一项任务圆满完成，我便会将其拖至列表顶部，与所有"已完成"的任务放到一起。

图 21-1：一周的计划中部分任务已经完成的状态

到了每天工作结束的时候，那些尚未打钩的任务便会自动顺延至次日。这样的布局让我一眼就能看出某天的任务是否过于密集，进而及时灵活地调整优先级。至于那些一周结束时仍未完成的任务，则会被我悉数移至下一周的规划面板上（参见图 21-2）。

图 21-2：一周的计划中全部任务圆满完成的状态。在这一周里未能完成的任务，将自动归入下一周的看板中，并被合理地分配到每一天里

此外，我还特别设定了一个"一般待办事项"类别，用于记录那些长期任务或是优先级稍低的任务。我会定期浏览这个清单，并在适当的时候，将相关任务提取到"本周"日程安排中。

我之所以青睐这种方法，是因为相较于看板或自制的周待办清单，它更能带给我满足感和成就感。看板和周待办清单往往让我感到任务繁多，似乎永远也忙不完。

在上面这种规划方式中，我将宏大的计划细化到每一天。到每周结束时，回顾那些已完成的事项，清晰可见的成就让我深受鼓舞、动力满满。

当然，对于规模较大的项目，我还是会采用看板来辅助管理。不过，在日常工作中，我更倾向于让自己保持积极的状态：无论是完成了琐碎的小任务还是结束了重要的会议，我都会给自己一些肯定。我从不让任何事情搁置，总是坚定地向前迈进。

找到一套适合自己的方法：它不仅能激发你的动力，还能让你在面对不断涌现的新任务时，依然为自己取得的每一点儿进步感到骄傲。

面对突发状况时……

在这个规划框架下，你要留有足够的余地来重新规划和调整优先级，以应对任何突如其来的紧急事务。别在一周的刚开始就认为自己的日程已经固定不变了。一旦遇到紧急情况，立刻将它加入到当天的日程中，并灵活地将原计划中当天的事务调整到后续几天，确保每件事情都能在合适的时间得到处理。

构建高效的体系

"若你期待更好的成果，那就别再仅仅盯着目标不放，转而专注于你的体系构建吧。"

——*Atomic Habits*，詹姆斯·克利尔（James Clear）

图 21-3 展示的是我在 Notion 中精心打造的一个模板,我每周都会复制使用,因为我有一些固定的会议和一些日常任务(比如喂狗)。这个模板让我能够更迅速地制定出日程,因为每周固定的所有会议都已经预设在其中了,我只需添加新的待办事项和临时增加的会议即可。

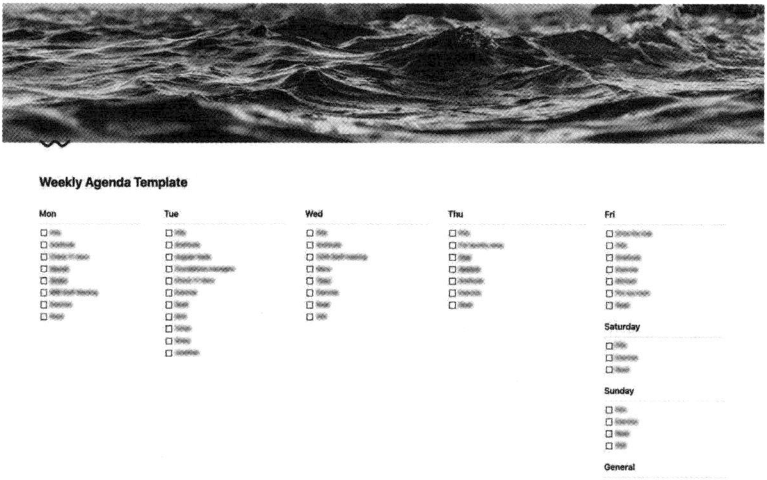

图 21-3:我在 Notion 中定制的一个每周日程模板

这其实也涉及"决策疲劳"的问题。我们越是能借助完善的体系来自动化处理日常工作,就越能节省更多的精力去深入思考那些真正需要我们关注的重要事项。

21.3　肯定自己的时间投入

我的日程计划表不仅列出了各项待完成的任务,还标注了与任务相关的人员或相关会议。每当会议结束,我都会在计划表上做个小记号。

身为管理者，你或许会感到有些失落，因为你不再像从前那样亲手处理每一件事，你的工作重心更多地转移到了会议上。在会议中，你需要协调各方的任务，确保团队之间或者一对一的沟通顺畅，能够达成共识。

因此，我坚持每天把所有的会议都记在日程计划表里。这样一来，每当结束一个会议，我都能清楚地意识到，我花费在与人沟通协调上的时间是十分有价值的。这让我避免了"整天都在开会，自己的事情却一点儿没做"的挫败感。事实上，作为管理者，开会就是我工作的重要组成部分。我为自己的这份努力感到骄傲，这样我就不会错误地把完成其他任务看得比这项充满挑战的人际沟通工作更重要了。

21.4　深入了解自己

我之所以能利用好这些日程规划方法，关键在于我清楚自己的强项和弱点，并且懂得如何扬长避短。我发现，当任务被细化为一个个小目标时，我的工作效率会显著提升。同时，我更倾向于做那些有意义的工作，尽量避免无关紧要的琐事。在可能的情况下，我会根据自己的精力来调整工作节奏。

此外，我也很清楚自己的动力所在。为了让每周的工作都充满新鲜感，我会特意为每周的日程安排设置不同的横幅和图标。这样，在查看任务清单时，偶尔看到自己喜欢的元素，心情也会随之愉悦起来。我曾开玩笑说，自己就像电视剧《公园与游憩》里的莱斯利·诺普（Leslie Knope），她曾说自己的爱好是在计划本上"涂鸦"。尽管规划管理这类工作与编写代码大相径庭，但只要我们以一种系统化的方式来进行安排，就能像编码工作一样，投入同样的心思和精力。

有些人，比如程序员艾丽斯·戈德福斯（Alice Goldfuss），已经把这套方法运用得得心应手：

> "我为自己的个人待办事项设立了一个看板，并且设置了一个定时任务。这个任务每周都会自动清空'已完成事项'那一列，并将内容以短信形式发送给我，这样我就能明确地感受到自己取得的成就。"
>
> 艾丽斯
>
> 2019 年 5 月 25 日

关键在于找到一套适合自己的方法。

第 22 章

设定边界

帮助和支持他人是我们的日常工作，但这也容易让我们付出过度，甚至不惜牺牲自己的利益。对于那些总是习惯将他人利益置于自己之上的人来说，设定合理的边界往往尤其艰难，因为这样做有时会显得有些自私。但事实并非如此，设定合理的边界是支持他人的重要一环。

如果我们不设定边界，就无法真正践行我们的价值观，长此以往，也无法给予我们的团队恰当的支持。刚开始拒绝他人时，可能会感到有些别扭和不适，但这其实是以一种间接的方式保护团队。这项任务并不轻松，但至关重要。请记得，照顾好自己，才是照顾好团队的最好方法。

22.1　学会适时拒绝

在日常工作中，我们有时会不自觉地承诺过多，随后便感受到承担过多责任所带来的沉重压力。这种情况确实棘手，因为事情往往往会在不经意间堆积如山。你可能一次只答应了一件事，但转眼间就发现自己已经忙得不可开交。又或者，你答应了要完成一项特别耗时的工作，结果却发现从中得不到任何实质性的回报。

在设立个人边界时，拒绝他人确实是一项挑战。但请记住，你无须立即给出答复。可以深思熟虑，再做出决定。我通常会设定一个答复期限，以免遗忘或拖延过久，因为那样同样会带来压力。重要的是，要在他人初次提出请求时就明确拒绝，而不是拖到无法回避时再拒绝。虽然拒绝会带给你暂时的不适或尴尬，但想想看：如果你一开始就果断拒绝，后续就能避免许多不必要的麻烦。不仅对方能及时另做打算，而且你也不会因为勉强接受了不认同的工作而感到疲惫。你的家人和朋友也会因此感激你，因为你能有更多的精力陪伴他们。

如果你发现自己已经答应了本该拒绝的事情（除非是家庭紧急事务或其他紧急情况），那么这种承担过多时的不适感，可以作为你未来行动的警示。你可以告诉自己：“我可不想再经历这种疲惫不堪的状态了。”于是，你鼓起勇气，努力完成手头的工作，并在未来为自己做出更明智的选择。

22.2　应对会议繁多的策略

对于那些你觉得没有价值的会议，该如何应对呢？其实，有时候你需要勇敢地取消一些会议，同时降低一些会议的频率。

为了避免陷入无尽的会议旋涡，你可以通过更有效地委派任务和设定清晰的界限来保护自己，尤其是在大家都对你寄予厚望的时候。关键是能够明确表达自己的期望和需求。比如说，你可以提议：“为了更有效地利用时间，我们不如两周开一次会。其间如果有任何问题，我们可以通过电子邮件或其他沟通工具来解决。”

如果随着职责的增加，你感到很不适应，不妨自我反思一下。你是否充分信任你的下级管理者，可以让他们自主处理工作？你是否因为信任不足或协同问题而频繁地与他们及其团队开会？试着从根本上解决问题，而不是仅仅依赖会议来应急。

　　在必要的时候，记得让团队成员明确预期达成的工作目标。告诉他们你对团队的期望，并一起商定合适的会议时间。一旦他们了解了你的期望，并且双方都认可了能达成的目标，那么团队就可以根据自己的判断来努力达成这些目标，而你无须细致地监督他们每一步的执行过程。随着你在管理层的职位不断提升，掌握这项技能将变得越来越重要。

边界的边界

　　值得一提的是，除了利用常规的管理手段来保护自己的时间，你还可以尝试另一种更加开放和灵活的方式。对于新晋管理者来说，很难立刻意识到自己的工作职责已经转变：尽管保持专注的时间依然重要，但保持专注已不再是你的首要任务。现在，开会和协调成了你的工作重心。你的角色是应对各种干扰，确保团队能够保持专注。因此，你不应过度保护自己，要积极面对各种会议。

　　我曾多次听到独立贡献者抱怨他们的管理者似乎总是缺席，对团队漠不关心；同时，我也听到管理者自夸他们如何精心安排日程，以确保自己能够专注地工作。如果你的团队因为你过于保护自己的时间而感到迷茫和无助，那么你可能并没有很好地履行自己的管理职责。

　　不要把边界当作一种逃避不适的借口。有时候，成长的过程确实会让人感到不适，而你可能正在以边界为借口避免挑战自己。在这种情况下，或许你需要进行一些自我反思。

22.3　心理边界

要想成为一名意志坚定的管理者，学会**自我宽恕**是至关重要的。在生活中，有些时候（甚至是某几年），你会发现自己工作效率特别高，而其他时候则相对较低。这其实很正常，因为生活总是充满了起伏和变化。

定期进行自我反省是非常有益的：当你发现工作效率有所下降时，是因为你个人的节奏自然而然地放慢了一点儿吗？还是这可能是抑郁症的信号？这意味着你的个人目标与当前的工作环境（或公司）不匹配，还是你在对不良的工作环境做出应激反应？如果你的效率下降仅仅是因为个人生活节奏的自然调整，那么对自己多一些耐心就很重要。然而，如果情况偏向后者，那么请务必积极地寻求帮助，可以做心理咨询、寻求导师指导、与朋友倾诉，或者做出一些改变，进而对你的身心健康和工作状态产生积极的影响。

无论如何，学会宽恕总是至关重要的。在某些情境下，仅仅依靠一个优先级规划可能远远不够，但现实情况就是，你永远无法做到面面俱到，因为没有人能做到这一点。

在社交媒体上，人们往往只展示他们光鲜亮丽的一面——粉丝越多，随之而来的烦恼和干扰也可能越多，因此出于自身心理健康的考虑，去分享自己的一切或许是不明智的。所以，**请切记不要将自己与他人外在的光鲜表象相比较。**

事实上，每个人都会遭遇困境，面对心理上的问题，我们有时候并不愿意在社交媒体上，甚至是在公司内部或社交圈内公开讨论。我有一个自己坚守的原则，希望它也能对他人有所帮助，那就是：避免比较，拒绝绝望。

你正走在属于自己的道路上。**做出对自己最合适的决定，相信自己，你清楚自己需要什么。**

22.4　身体边界

放弃休假，对你和你的团队而言，都不是明智的选择。你或许身处一个看重业绩的工作环境，想要试试看自己能多久不休假；又或许你的企业文化推崇那些工作至上的员工。但无论如何，长时间不休假，甚至完全放弃休假，其实并不能让你保持最佳的工作状态。休息是必不可少的。

而且，不管你内心是否愿意承认，你的行为都在无形中给团队传递着信息。他们会觉得自己也不应该抽时间去休息。除非你首先做到合理安排休假，否则他们很难确信自己休假是理所当然的。

22.5　实践中的边界

关于边界，一个有意思的点在于，一旦有人划定了边界，往往会有人忍不住想要去试探一下。具体原因我也说不清，但这种情况确实挺常见。因此，在实践中，设定边界只是第一步。

我的教练杰西曾告诉我："边界得让对方听见并理解才算数。"设定了边界之后，还得费心去维护它，确保它不被轻易打破。

作为管理者，要尽量避免去试探别人的边界。请将这件事铭记在心，多反思自己的行为。

要是你划定了边界，还是有人不管不顾地闯了进来，那你可能会觉得这是对自己信任的严重背叛。有时候，人们可能并没意识到自己的行为已经越过了边界，尽管对你来说，这已经再明显不过了。这时候，你可以再次重申你的边界。我发现，第二次用更加坚定、明确的语气表达出来，通常会有更好的效果。在美国，有些人可能觉得划定边界显得过于强势，尽管这种看法并不普遍，但它确实反映了一种文化现象。相比之下，我在希腊生活的时候，人们表达边界就更加自然，大家也都能够坦然地接受别人明确地表达自己的想法和界限。

当然，深入讨论文化和价值观不是本书的重点。不过，我还是要强烈推荐艾琳·迈耶（Erin Meyer）的 *The Culture Map* 一书，她对这个问题做了更深入的研究和探讨。

22.6　小结

设定个人与工作的边界，是一门微妙的学问。它不仅涉及事项的优先级安排，还关乎我们如何与他人沟通，以及在个人乃至公司层面上，我们能够容忍的上限在哪里。在这个过程中，别忘了你的价值观也是重要的考量因素。践行价值观意味着我们要不断调整自己所能接纳的与拒绝的，既要明确什么是我们愿意接受的，也要清楚什么是我们需要远离的。

值得一提的是，在我们设定边界时，完全不需要采取粗鲁的态度。设定边界本身并无不妥，它是我们保护自我、明确界限的正当行为。工作之余，我们并不欠工作或组织什么，无须将自己完全奉献出去。只有当我们清楚自己的底线时，才能在身处各种情境时，都能以最佳状态去应对，发挥出自己的最大潜力。

第 23 章

不断充实自己

在和教练杰西的一次交谈中，我忍不住表达了对公司内部政治纷争的不满。"他居然能说出那样的话，真是让人难以置信！"我愤愤不平地说，"这对整个领导团队来说有害无益。"

"哎，听起来真的是很糟糕。"她同情地回应我，"我很遗憾你要面对这种情况。那么……"她话锋一转，继续问道，"你打算怎样提升自己，以便更好地应对这些事情呢？"这个问题让我一时有些不知所措。明明是别人不尊重人，为何我要采取行动呢？

但细细想来，这其中确有缘由。

管理工作充满了艰难困苦、沟通不畅，以及统一团队思想、设定优先级和制定激励机制等艰巨的任务。即使竭尽全力，也不可能解决所有问题。我必须学会接受不完美，并在应对这些问题的同时照顾好自己。

在工作中，管理者大部分时间在支持他人和协调各方，因此保持自己情绪稳定与意志坚韧至关重要。这并不意味着我们要否认逆境或者糟糕状况的存在。在上面的例子中，我们注意到，杰西并没有忽略这种负面的互动，也没有假装它实际上是积极的。我们正视了问题，并寻找解决之道继续前行。在这个过程中，我们也不应否认自己的真实感受，因为人类的各种情感都有其存在的理由。但在处理完这些情绪之后，我们也必须弄清楚接下来要怎么做。

杰西在教授我长久保持工作动力的方法，她让我明白，为了更好地为他人服务，我必须先照顾好自己。这一点在忙碌的工作中很容易被忽视，尤其是在工作压力巨大的时候，照顾好自己本身就是一项艰巨的任务。

23.1　自我关怀

近年来，"自我关怀"这个词越来越流行，甚至被滥用了，以至于它原本的含义都有些模糊了。尽管如此，它依然是一个至关重要的原则。每当杰西和我聊到如何增强自我韧性时，她总会关心地问我，我是如何进行自我关怀的。

或许在很多人看来，自我关怀就意味着要做那些"对自己有好处"的事情。没错，善待自己的身体，确实有助于改善自己的心智和精神状态。但是，生活中如果充满了太多的"必须"，而缺少了"想要"，可能会影响我们的心态与整体幸福感。所以，我建议大家找到两者的平衡点，甚至可以尝试摆脱那种非要把事情定义为"好"或"坏"的思维方式。

另外，自我关怀并不一定非得和实现远大目标挂钩。就我个人而言，我新年的一个计划就是，每当在会议间隙进行需要专注的工作时，就坐在我最喜欢的那把舒适的椅子上，因为整天坐在同一张办公桌前真的会让人筋疲力尽。而这一工作场景的小改变，竟让我开始期待每天能静下心来专注工作的时光了。

发现快乐，铸就坚韧心态

在日常的琐碎中发现快乐，是一件极其重要的事情。诚然，一次昂贵的旅行或是一块精致的蛋糕能够为我们带来愉悦，但快乐其实并不需要如此奢侈。

快乐其实很简单，它可能是你在会议间隙伸个懒腰；或是你抽空望向窗外，静静欣赏光影的变化；还可以是跟同事开开无伤大雅的玩笑。生活中的每一刻，都是我们放松身心、享受快乐的宝贵机会。

在 *In Being Peace* 这本书中，一行禅师（Thich Nhat Hanh）写道：

> "我静静地坐在这里，清晰地感知到自己的存在。这一点至关重要。我们常常沉浸在对未来的憧憬中，却忽略了当下的美好。我们总说，'等完成学业，拿到博士学位，那时我才能真正地享受生活'。然后，又是找工作、买车、买房，我们总是把活在当下的机会推迟到未来……然而，真正的秘诀是珍惜当下，意识到我们就活在此刻，生命中最真实的瞬间正是现在。这是一个多么美妙的时刻啊！"

如果学会在日常中培养这种平和与快乐的心态，你就会变得更加坚韧。面对生活中不可避免的冲突和困扰，你也能更加从容地应对。如果你内心感到混乱不堪，你就很难做好自己的工作，同时也难以呵护自己的内心健康。

23.2 感恩日记的力量

我的教练杰西多年来一直积极地建议我尝试写感恩日记。起初，我觉得这些与自我疗愈、冥想有关的事情不太符合我的风格，于是每次都只是礼貌地感谢她的提议，从未真正地付诸实践。然而，生活总是在不经意间给我们当头一棒。当我丈夫的癌症不幸复发时，我仿佛坠入了深渊，我感觉周围的一切都失去了意义，急需找到一根救命稻草。在那段艰难的日子里，我非常急切地想要尝试任何可能有用的方法。于是，我回想起了杰西的建议，我决定开始写感恩日记。

令我意想不到的是，这个简单的举动竟然给我带来了巨大的积极影响。在前面的章节中我曾提到，我们的大脑似乎天生就更容易关注负面信息，要想让它发现身边的美好，则需要我们努力地去培养和训练它。神经科学家的研究发现，感恩的行为能够改变我们大脑的化学物质构成，让我们感受到更多的积极情绪[1]。

在 *The Happiness Advantage* 这本书里，作者肖恩·阿绍尔提到了一个有趣的概念——俄罗斯方块效应。简单来说，就是当你频繁地思考某件事时，就会发现它似乎无处不在。如果把这种效应应用到感恩的行为中，你就能在日常生活中发现那些原本可能忽略的、值得感激的事物。阿绍尔在书中写道：

> "当我们的大脑陷入一种专注于压力、消极情绪和失败的模式时，我们其实是在为自己设置障碍。而'俄罗斯方块效应'则告诉我们，通过训练大脑，可以让它处于探索机遇的模式，使得无论我们看向哪里，都能发现并抓住机会。"

我的日记其实很简单，上面只记录了日期和我每天感恩的事情。刚开始写的时候，确实有点儿难。丈夫的病情复发让我心情沉重，我自己的工作也特别忙。那时候，我真的没有心情去强迫自己感恩。但我发现自己感恩的事情其实都是真实的，一点都不虚假。我们有

---

[1] 请参见文章 "How Gratitude Changes You and Your Brain"，它阐释了一些看似微不足道的事情有时候却能给我们带来意想不到的深刻影响。

一个温馨又经济实用的房子，有优秀的孩子和可爱的狗狗，后院的花儿也开得很美。我曾经历贫困，但现在的生活已经好了很多。如果需要换新牙刷或者置换破旧的鞋子，我能轻松地应对这些日常开销。而且，我开始感激那些生活中的小确幸：雨后水泥地面的反光现象让我觉得很有趣，孩子们假装睡着时发出的咯咯笑声让我觉得很幸福，团队成员之间无私的互助让我感到很温暖，周末深夜还一起加班写代码的时光也让我觉得很充实。

我开始不自觉地留意起周边那些细微却美好的事物，这并不是我刻意为之的结果。 这样的变化，让我对待生活和工作的态度都有了积极的转变。正如杰西所预言的，我的韧性也随之得到了增强。

那么，这样的练习是否真的让我成了一个更出色的管理者呢？答案是肯定的。

在我丈夫病情复发的那段日子里，我陷入了前所未有的低谷。我的情绪失控，变得异常敏感，既过分在意每一件事，又仿佛对什么都无所谓。杰西的小技巧并没有像魔法一样立刻解决我的问题。但是，这个练习确实为我提供了一些有效的工具，帮助我度过了那段艰难的时光，而这些正是我当时迫切需要的。

对于写日记这件事，我并不追求完美。我会每隔一天把它列入我的待办事项清单中。如果偶尔漏写了一次，我也不会过于在意，下次再继续就好。我发现，只要我能保持一个稳定的节奏，就有助于我改善心态。也许，对你来说也是一样的。

发掘你个人的喜好

在记录感恩日记的过程中，你可能会发现一些有助于你恢复精力的事物。当然，感恩日记并非必需，即便没有它，你也能逐渐察觉到这些事物。但关键在于，要认清哪些因素能帮助你顺利渡过各种难关。

就我个人而言，如果饮食不佳或饮水量不足，我的工作状态就会大打折扣。此外，运动也很重要，尽管我并不总是喜欢运动，但我发现只要坚持下去，不论是精力还是情绪都有显著改善。我曾对运动颇为抵触，但后来通过转换思路，比如运动时把听音乐换成听有声书，或者尽量选择在户外运动，我从运动里找到了新的乐趣。

我还注意到，在那些工作中充满艰难挑战的日子里，如果我能每天至少运动 40 分钟，我就会感觉手头有了更多的应对工具，思维也变得更加清晰。由于那些日子我总感觉时间不够用，所以挤出时间运动确实是个不小的挑战。但一次又一次的经验告诉我，只要我能为自己腾出这段宝贵的运动时间，我的焦虑感就会明显缓解。因此，我一直坚持了下来。

同时，我还喜欢品酒。在忙碌一天后，坐在阳台上品一杯酒，再和丈夫或朋友聊聊天，就能让我重新焕发活力。此外，泡澡能让我放松身心，而编程则能激发我的热情。我根据需要交替选择这两种方式，为自己提供渡过难关所需的支持。

当然，我的喜好和方法不一定适合你，这完全没问题！关键是要找到属于你自己的乐趣，并用心去培养它。

第 24 章

相信自己

———

　　读研期间，我有幸参与了哈佛大学与卡通艺术博物馆联合开展的一个特别项目。在该项目中，我们的任务是通过引导孩子们创作关于个人经历的漫画书，来帮助那些未受良好教育的孩子提升读写能力。连续多年，我教着同一批孩子，从他们五年级到七年级，在这期间我观察到了一个有趣的现象。五年级和六年级的孩子的画笔下充满了奇思妙想，故事和角色都生动有趣。然而，一进入七年级，许多孩子却突然声称自己不会画画了。他们都指向团队中的一个人说："你问亚历克斯，他才是画画高手。"

　　中学对孩子们来说确实是个充满挑战的阶段。在从六年级到七年级的过渡中，孩子们似乎变得更加敏感和羞涩，同时，他们也开始将自己的身份局限于某一特定领域。"她是运动健将。""他是书虫。"不知不觉中，孩子们开始用简单的"好"或"不好"来评价自己在某个方面的能力。如果你问一个五岁的孩子是否会画画，他会毫不犹豫地给出肯定答案。但如果你问成年人，答案可能就大相径庭了。

然而，科学并不支持这种非好即坏的观念。

或许你听说过成长型思维和固定型思维。拥有固定型思维的人认为自己的技能是无法改变的，他们在某方面的能力只能达到某个水平。而拥有成长型思维的人则相信，只要付出努力，我们就有可能改变自己。

莉萨·布莱克韦尔（Lisa Blackwell）等人在 2007 年进行了一项研究。该研究对 373 名七年级学生进行了长期跟踪，以探究他们具有成长型思维还是固定型思维。在接下来的几年里，研究者们持续关注着他们的成长。结果显示，拥有成长型思维的学生平均绩点得到稳步提升，而拥有固定型思维的学生则进步缓慢。

通过明确个人目标并逐步去实现它，你可以培养成长型思维。同时，别忘了时常提醒自己，你所付出的努力都是有价值的。

有研究表明，相较于看重以往工作业绩的人，对自己的能力充满自信的人更有可能在未来取得成功。对于这一点，阿尔伯特·班杜拉（Albert Bandura）在 *Self-Efficacy* 一书中进行了深入的探讨。从他的研究中，我们可以得到以下几点宝贵的启示。

- 对自己的能力和竞争力所持有的信念虽然与自信心紧密相关，但两者并不等同。班杜拉将前者称为"自我效能感"。自我效能感是人类能力不断发展和提升过程中的一个核心要素。
- 当我们感到自己在生活中有一定的掌控力，相信自己能够掌控力所能及的事情时，我们就能蓬勃发展。
- 自我效能感不仅能够帮助我们通过努力取得成功，更重要的是，它还能让我们在面对困难和失败时更具韧性。

相信自己并不是自私或以自我为中心。管理者面临的挑战众多，只有在自己也得到足够支持的情况下，你才能更好地去支持你的团队。

24.1　与信任你的人同行

你的心态不仅会影响自己，还会影响他人。坚信他人有潜力，往往能激发他们的潜能，提升他们的表现。

播客 Invisibilia 有一期节目叫《如何成为蝙蝠侠》[1]，其中讲到一个有趣的实验：科学家挑选了一些表现相当的老鼠，并向负责操控这些老鼠的人员透露，其中某只老鼠"跑得较慢"。令人惊讶的是，在接下来的赛跑中，那只被贴上"慢"标签的老鼠确实跑得不如其他老鼠快，而那些被赞誉为"跑得快"的老鼠则展现出了更快的速度。这一现象揭示出，人类对这些老鼠的预设观念，会在无形中影响操控者对待这些老鼠的方式，而这也影响了老鼠的自信心！

将这个实验映射到人的情境中。想象一下，你置身于一个支持你并重视你的工作的环境中，周围的人都对你抱有正面态度，这样的氛围对你的积极影响何其深远！反之，假使身边有一位朋友总是不断地打压你、对你的能力表示怀疑，让你感到局促不安，那么，这种负面影响或许远超你的想象。

在心理学上，有个"皮格马利翁效应"，指的就是周围人的高期望能让我们表现得更好，而低期望则会导致相反的结果，就像是个自我实现的预言。

所以，与支持你的人同行真的很重要。支持的表现形式多种多样：有的人用爱护和保护来支持你；有的人通过肯定你的价值来支持你；有的人愿意陪你一起玩游戏、喝酒聊天。去寻找那些真心对待你、不嫉妒你的人，同时，**也别忘了给予他们同样的支持**。

---

[1] 尽管这期节目非常精彩，但我强烈推荐大家收听 Invisibilia 播客的所有内容。

就如同《公园与游憩》剧中莱斯利·科诺普那句耐人寻味的话："我们得铭记，生活中真正至关重要的元素——朋友、华夫饼，还有工作，或者说华夫饼、朋友，还有工作？其实，它们的排序并非关键，重要的是，工作绝非占据首位。"

24.2　教练指导与智囊辅佐

在遭遇困境时，能有一群可靠的同事或团队站在你身边、为你加油鼓劲，是非常重要的。身为管理者，你同样需要他人的支持。你需要一个独处的空间去整理思绪，而这个空间不应与你的直接下属共享。正如我在书中多次提到的，我有一位教练，还有一个由其他管理者组成的智囊团，他们当中既有公司内部的同事，也有来自其他地方的朋友。他们对我来说都是不可或缺的存在。

管理者这个角色，有时候会让人感到孤独。你无法像团队中的其他成员那样去处理事情，在关键时刻，你必须保持冷静。但别忘了，你也是有血有肉的人，有情绪，有偏好，有担忧和恐惧。因此，找到一群能在困难时期给予你支持的人，一群能与你共享欢乐的人，一群能让你感受到归属感和价值感的人，是至关重要的。

我的教练杰西是我所认识的最为智慧的人之一。她不仅为我提供了应对失控局面的策略，还能在我偏离正轨时及时伸出援手，引领我重回正确的道路。每当我需要宣泄情绪时，她都会耐心地倾听，并助我妥善处理那些棘手的人际问题。顺便提一下，她目前正在接收新学员，我真诚地向大家推荐她，感兴趣的话，可以访问她的网站。

如果你正在寻找其他的支持资源，那么像 BetterHelp 这样的远程心理咨询与辅导服务或许能帮到你。虽然这不是必需的，但我真诚地建议你寻找一位专业人士，他或她能为你构建一个心灵的避风港，并提供实用的应对工具。当然，你可能会想到依靠伴侣或挚友，但相比之下，我更倾向于推荐专业的教练。这是因为，他们受过系统的训练，更懂得如何引领我们穿越人生的风浪。

我的管理者智囊团的诞生，得益于我的好友西蒙娜·科廷（Simona Cotin）。在一次研讨会上，作家兼培训师拉拉·霍根（Lara Hogan）向她提出了创建管理者智囊团的建议。在这个团体中，我们都扮演起了教练的角色，相互倾听，相互扶持，但这又和从专业教练那里获得的支持不尽相同。教练为我们提供了应对挑战的策略与工具，而智囊团则是我们接纳彼此的港湾。在这里，我们可以开怀大笑，也可以倾诉遗憾，更重要的是，这是一个让我们放松自我、不必时刻保持严肃的地方。我们交流的并不是关于管理的理论知识，更多的是关于我们共同面对的现实挑战。这个团体意义非凡，因为我们并不能确切地知道其他人的管理方式；从外界看来，似乎除了你自己，每个人都在管理方面得心应手。我们轮流分享自己的经历并互相倾听，相互给予帮助与支持。当然，我们也会吐槽抱怨。

每两周，我都会与教练和管理者智囊团分别会面一次。你无须照搬我的节奏，找到适合自己的方式就好。我建议将管理者智囊团的人数控制在 8 人以内，6 人左右通常最合适。人数太多，大家分享的机会就会减少，而且大家可能会更加注重形式，而忽略了真正的帮助。而在一个规模适中的团体中，每个人都有机会发言，对话能够流畅进行，害羞的声音也不会被淹没。

作为管理者，你肩上的担子很重。你的每一个决策都可能影响团队成员，那种压力有时会让你感到孤立无援。无论是我在这本书中提到的错误，还是更多的未被本书提及的错误，我都犯过。我认为分享这些经历至关重要，这样一来，当我们遇到困境时，就不会感觉那么孤单，也能找到一条可能的前进之路。

24.3 回馈

抱歉了，艾恩·兰德（Ayn Rand）。有研究证实[1]，长远来看，那些乐于奉献的人更容易感受到幸福的滋味。

> "无私的付出，效果或许与运动相似，既能产生即时的愉悦，也能带来长久的益处。"
>
> ——伊丽莎白·邓恩博士（Dr. Elizabeth Dunn），
> 不列颠哥伦比亚大学教授

邓恩博士的这项研究本身已足够吸引人，但我发现她的进一步研究更是引人入胜。这位不列颠哥伦比亚大学的教授兼作家，在一次 TED 演讲中，以"帮助他人，让我们更快乐"[2] 为主题，阐述了在给予他人时，与他们建立情感联结，比仅仅提供金钱或物质上的帮助更为重要。她还提到，亲眼见证付出的结果，并与这些结果产生情感联结，能带来最大程度的喜悦。我真心地推荐大家观看邓恩博士那 15 分钟的 TED 演讲，她真的是一位杰出的演讲家。

回馈他人的方式是丰富多样的。在日常工作中，我们往往会获得各种各样的机会和资源。利用它们来支持他人的职业发展，即使他们并不直接隶属于我们的团队，也是一种极具价值的回馈。我们可以为他们开启机会之门。比如，分享一个演讲机会，邀请他们参与重要的会议，让他们在关键讨论中发声，或是将他们引荐给能够助力他们职业成长的人。可行的办法有很多。

回馈的另一种方式是为他人提供指导。提供指导时，有一点是不同于领导角色的，而且至关重要，切勿强加于人。若有人主动寻求你的指导，你可以自行决定是否提供帮助，因为接受他人指导是

---

[1] 请参见 "The Secret to Happiness? Giving" 这篇文章。
[2] 请到 YouTube 上观看这期 TED 演讲的视频。

非常私人化的事情。在提供指导或支持时，若你打算代表他人行事，务必先征得他们的同意。

指导和扶持有所不同：指导主要是给他人提供建议或咨询，而扶持则是为他人提供机会，或将他们引荐给可能提供机会的人。我虽也做过一些指导工作，但在很多方面，扶持可能更有效，因为这其实与你自身无关，它是为人们提供让他们自己获得机会的途径。

此外，若你身处技术管理者的岗位，或许有余力支持一些公益事业。因此，给这些伟大的事业捐款也是回馈他人的一种绝佳方式。以下是我推荐的几个项目。

- Dev Careers：该项目通过提供教育和物质支持，帮助非洲的工程师在科技领域站稳脚跟。
- She Code Africa：通过捐款或其他形式，赞助相关活动和项目，增强非洲女性在科技领域的实力。
- Black Girls Code：该项目致力于培养 7 至 17 岁有色人种女孩的创新能力，使她们成为 STEM 领域的佼佼者、社区的领袖以及自己未来的筑梦者，从而增加数字领域有色人种女性的数量。

回馈他人的方式多种多样。请将其视为一种强大的动力，它不仅能激励你不断前行，也能为你周围的世界带来积极的变化。

24.4　小结

管理工作很多时候是无私的，它需要我们付出很多——时间、精力，以及无数次艰难的情绪管理。要想在工作中展现最佳状态，照顾好自己是其中不可或缺的一环。

如果你是那种总是把别人放在首位的人，那么在为他人提供帮助之前，别忘了先照顾好自己。通过各种方式照顾好自己，这一点对我们每个人来说都极为重要。

结　语

　　太棒了，你已经做到了！在繁忙的工作中，尤其是当你还需要管理一个或多个工程团队时，能抽空读完这本书，这本身就是一项值得骄傲的成就。

　　正如我在书中多次提到的，管理工作确实是一项艰巨的任务。你说的每一句话都至关重要，而且你要为团队设定方向，还要让组织感受到支持并保持良好的发展态势。而持续学习则是我们支持团队的不可或缺的一部分。虽然肩上的责任重大，但我们也拥有**引领团队实现积极变革的能力**。这既是一份沉甸甸的责任，也是一个有吸引力的使命。

　　人是具有不确定性的，某种方法在这个情境下有效，换个情境可能就不适用了。通过分享我们的知识和经验，我们可以积累起一套在迷茫时能够为我们指引方向的工具。利用这些工具，我们可以做出更明智的技术决策，打造出更优质的产品，并制定出对员工更加有益的流程和制度。

　　我们越是愿意保持开放的心态，不断地学习和成长，就越能发掘自身潜力，让所处的行业变得更好。作为管理者，通过不断地学习和提升自我，我们不仅能够在技术层面对项目产生深远影响，还能为所有行业的核心——人——提供有力的支持。

致 谢

我深深地感激着这样一群杰出的人物：Christian Nwamba、Val Head、Marvin Carlisle、Angie Jones、Lauren Sell、Emily Freeman、Ashley Willis、Dalia Havens、Jen Klimas、Stu Steene-Connolly、Simona Cotin、Shweta Saraf、Phil Hawksworth、Brian Stoler、Chris Bach、Claire Jackel、Kristi Mill、Shalini Verma、Wahbeh Qardaji、Matt Biilmann 以及 Jason Lengstorf。在过去的时光里，他们就像一盏盏明灯，照亮了我的前行之路，给予了我无尽的帮助与支持。每当我提出那些看似不切实际的想法时，他们总是用一句温暖而坚定的话语——"好吧，让我们试试看！"——来鼓励我，让我有了勇敢前行的力量。

我也要向一群年轻人表达我的感激：Megan、Matthew 和 Emily Smith。我们这个既古怪又特立独行的小团队，每一天都让我感到无比骄傲。

此外，我要特别感谢我的教练 Jessi Kovalik（前文中的"杰西"）。她在本书中占据了非常重要的位置，她是我遇到过的最聪明的人之一。可以说，没有她的悉心指导，我便无法取得今天的成就。

我还要向我的两位编辑 Christina Frey 和 Nicole Taché 表达深深的感谢。她们将一堆杂乱无章、难以理解的概念整理成了一本佳作。同时，我也要感谢 Joel Hooks 和整个 Egghead 团队。你们为支持这项工作付出了不懈的努力，尤其是在我生活遭遇困境时给予了我巨大的支持。这份恩情我永远铭记在心，言语无法表达我的感激之情。

接下来，我要感谢 Widakk Design 的 Srdjan Vidakovic。他为本书英文版设计了如此精美的封面，这个封面深深吸引了我，并激发了我为本书创作插图的灵感。

然后，我要向 dinosandcomics 表示衷心的感谢。感谢你们允许我在本书中使用你们的一幅精彩漫画。你们的漫画作品总是那么感人且富有深意，再次向你们表示深深的谢意。

我还要感谢以下这些人为我所做的一切：Kenny Eze、Tara Manicsic、Ben Hong、Cassidy Williams、Rachael Stravansky、Kristen Lavavej、Jacklyn Carroll、Nick Behrens、Sossy Mansourian、Madleina Scheidegger、Yohan LeNerriec、Lacey Horton 以及 Whitney Stafford。特别感谢 Manu Murthy 和 Deej Ajisebutu，他们总是以深刻的见解、宝贵的反馈，在我最需要的时候给予我坚实的支持。还要感谢 Kent C. Dodds，他曾与我并肩作战，共同打造出开源章节的雏形，并慷慨地允许我对其进行改编，以融入这本书中。他一直是个非常友好且乐于助人的人。与你们所有人共事的经历都非常宝贵，我非常珍惜我们共同度过的时光。

我要深深感谢我的家人，多年来他们一直支持着我，教会我用幽默面对生活，让我明白努力总会有回报，也向我展示了自律的力量。同时，我也要感谢 Dizzy（迪兹）的家人，他们对我如此热情和友好。

但我最想感谢的是 Dizzy，你的不懈支持对我来说意义重大，我无法用言语来形容。Dizzy，你是最棒的! 我绝不是偏袒你才这么说的。

阅读扩展

　　这本书仅为众多致力于提升技术管理能力的读者提供了其中一条路径。我极力推荐大家深入探索这一领域，广泛学习。诚然，并非每条建议都能完美适配所有情境，但拥有多元化的视角和观点无疑是大有裨益的。

Achor, Shawn. *The Happiness Advantage: The Seven Principles of Positive Psychology That Fuel Success and Performance at Work*. Currency, 2010.

Banaji, Mahzarin R., and Anthony G. Greenwald. *Blind Spot: Hidden Biases of Good People*. Delacorte Press, 2013.

Bandura, Albert. *Self-Efficacy: The Exercise of Control*. Freeman, 1997.

Blackwell, Lisa S, Dali H. Trzesniewski and Carol Sorich Dweck. "Implicit Theories of Intelligence Predict Achievement Across an Adolescent Transition: A Longitudinal Study and Interventions." Society for Research and Child Development, February 28, 2007.

Blue Beyond Consulting. "This Is Your Brain on Feedback: How Understanding a Little Brain Science Can Make a Big Difference in Your Next Feedback Conversation." 2022.

Brown, Jennifer. *How to Be an Inclusive Leader: Your Role in Creating Cultures of Belonging Where Everyone Can Thrive*. Berrett-Koehler Publishers, 2019.

Clear, James. *Atomic Habits: An Easy & Proven Way to Build Good Habits & Break Bad Ones*. Avery, 2018.

Conti, Gregory. "A Brief Guide to Better 1:1s—For Makers and Managers Alike." *Help Scout*, July 4, 2016.

Csíkszentmihályi, Mihály. *Flow: The Psychology of Optimal Experience.* Harper Perennial, 2008.

Doerr, John. *Measure What Matters: OKRs: The Simple Idea That Drives 10x Growth.* Portfolio, 2018.

Dunn, PhD, Elizabeth. TED Talk, "Helping Others Makes Us Happier: But It Matters How We Do It." 2019.

Epstein, David. *Range: Why Generalists Triumph in a Specialized World.* Riverhead Books, 2019.

Eyal, Nir. *Hooked: How to Build Habit-forming Products.* Portfolio, 2014.

Festiger, Schachter, and Back. *Social Pressures in Informal Groups: A Study of Human Factors in Housing.* Stanford Press, 1963.

Forsgren, PhD, Nicole, Jez Humble, and Gene Kim. *Accelerate: The Science of Lean Software and DevOps: Building and Scaling High Performing Technology Organizations.* IT Revolution Press, 2018.

Fournier, Camille. *The Manager's Path: A Guide for Tech Leaders Navigating Growth and Change.* O'Reilly Media, 2017.

Hanh, Thich Nhat. *Being Peace.* Parallax Press, 2005.

Hogan, Lara. *Resilient Management.* A Book Apart, 2019.

Hogan, Lara. "The Complete Demystifying Management Program." Wherewithall.

Invisibilia. "How to Become Batman." NPR podcast. January 23, 2014.

Jana, Tiffany, and Michael Baran. *Subtle Acts of Exclusion: How to Understand, Identify, and Stop Microaggressions.* Berrett-Koehler Publishers, 2020.

Kaplan, Mark, and Mason Donovan. *The Inclusion Dividend: Why Investing in Diversity & Inclusion Pays Off.* Bibliomotion, 2013.

Kovalik, MA, LPC, Jessi Counseling, Coaching, and Consultation.

Lencioni, Patrick, M. *The Advantage: Why Organizational Health Trumps Everything Else in Business.* Jossey-Bass, 2012.

Levav, Jonathan, Nicholas Reinholtz, and Claire Lin. "The Effect of Ordering Decisions by Choice-Set Size on Consumer Search" *Journal of Consumer Research*, Vol 39:3, October 1, 2012.

Meyer, Erin. *The Culture Map: Breaking Through the Invisible Barriers of Global Business*. PublicAffairs, 2014.

Pink, Daniel. *Drive: The Surprising Truth about What Motivates Us*. Riverhead Books, 2011.

Rock, David, Heidi Grant, and Jacqui Grey. "Diverse Teams Feel Less Comfortable—and That's Why They Perform Better." *Harvard Review*, September 22, 2016.

Rosenberg, PhD, Marshall B. *Nonviolent Communication*: *A Language of Life: Life-Changing Tools for Healthy Relationships*. PuddleDancer Press, 2015.

Scott, Kim. *Radical Candor: How to Get What You Want by Saying What You Mean*. St. Martin's Press, 2017.

Seldman, PhD, Gwendolyn. "Why Do We Like People Who Are Similar to Us?" *Psychology Today*. December 18, 2018.

Sexton, Alex. "The Productivity Cycle." Blog. January 15, 2014.

Sivers, Derek. *Hell Yeah or No: What's Worth Doing*. Hit Media, 2020.

Steele, Claude M. *Whistling Vivaldi: How Stereotypes Affect Us and What We Can Do*. W.W. Norton & Company, 2011.

Stone, Douglas, and Sheila Heen. *Thanks for the Feedback: The Science and Art of Receiving Feedback Well*. Viking, 2014.

Uhlmann, Eric Luis, and Geoffrey L. Cohen. "Constructed Criteria: Redefining Merit to Justify Discrimination." *Psychological Science*, Yale University. Revised 6.22.04.

Williams, Bärí A. *Diversity in the Workplace: Eye-Opening Interviews to Jumpstart Conversations about Identity, Privilege, and Bias*. Rockridge Press, 2020.

Zhuo, Julie. *The Making of a Manager: What to Do When Everyone Looks to You*. Portfolio, 2019.

作者简介

　　萨拉·德拉斯纳（Sarah Drasner）是谷歌核心基础架构部高级工程总监，负责推动谷歌各类应用所依赖的 Web、Android、iOS 及多平台开发工作。这些工作涵盖了谷歌的 JavaScript 与 TypeScript 语言研发、多框架（例如 Angular、ACX 及 Wiz）维护、构建 / 服务工具链、网络测试（特别是 Karma 工具）、CSS/Sass 技术栈，以及 Platform Boq Web 的管理等多个方面。

　　萨拉在业界成就斐然，不仅是备受赞誉的演讲嘉宾，还曾担任 Netlify 的开发者体验副总裁。她亦是 Vue 核心团队的荣誉成员、O'Reilly 出版社的作者，并在 Frontend Masters 开设过多场工作坊。萨拉还热心公益，是 ConcatenateConf 的联合创办人，该会议旨在为尼日利亚与肯尼亚的开发者提供一个免费的交流平台。

　　工作之余，萨拉兴趣广泛，她乐于在《堡垒之夜》游戏中探索各种趣味横生的"阵亡"方式，喜爱尝试各式各样的新奇奶酪，并享受与多才多艺、可爱又顽皮的家人共度的每一刻。